世界经典家教系列丛书

富过三代的秘密
——摩根家族教子书

田学超　陈慧颖　编

中国社会出版社
国家一级出版社·全国百佳图书出版单位

图书在版编目（CIP）数据

富过三代的秘密：摩根家族教子书／田学超，
陈慧颖编．—北京：中国社会出版社，2016.10
（世界经典家教系列丛书）
ISBN 978-7-5087-5469-7

Ⅰ.①富… Ⅱ.①田… ②陈… Ⅲ.①家庭教育
Ⅳ.①G78

中国版本图书馆 CIP 数据核字（2016）第 248966 号

| 书　　名：富过三代的秘密——摩根家族教子书 |
| 编　　者：田学超　陈慧颖 |

出 版 人：浦善新
终 审 人：李　浩
责任编辑：牟　洁

出版发行：中国社会出版社　邮政编码：100032
通联方法：北京市西城区二龙路甲33号
电　　话：编辑室：（010）58124838
　　　　　邮购部：（010）58124848
　　　　　销售部：（010）58124845
　　　　　传　真：（010）58124856
网　　址：www.shcbs.com.cn
　　　　　shcbs.mca.gov.cn
经　　销：各地新华书店

中国社会出版社天猫旗舰店

印刷装订：北京楠萍印刷有限公司
开　　本：170mm×240mm　1/16
印　　张：11.25
字　　数：180 千字
版　　次：2016 年 12 月第 1 版
印　　次：2018 年 11 月第 2 次印刷
定　　价：45.00 元

中国社会出版社微信公众号

前　言……1

本书作者　摩根的智慧人生……1

第一封信　勇敢走向看不见硝烟的战场……1
第二封信　做"给加西亚送信"的人……7
第三封信　人性观察者的素质……13
第四封信　诚实，成功的一道曙光……23
第五封信　阅读，丰富你的人生……26
第六封信　知己是你最大的财富……29
第七封信　经营好你的婚姻……33
第八封信　让压力成为动力……37
第九封信　生命，由时间累积……41
第十封信　寂静地倾听小鸟歌唱……45
第十一封信　"礼貌"之矛……48
第十二封信　积极，让你走向成功……53
第十三封信　坦然面对暴风雨……59

第十四封信　理智面对冒险的诱惑……62

第十五封信　别让金钱从你身边随意溜走……67

第十六封信　回顾昨日，掌握明天……73

第十七封信　警惕你的野心……78

第十八封信　做个成功的领导者……82

第十九封信　让你的演讲魅力四射……86

第二十封信　谦虚谨慎，日省吾身……91

第二十一封信　批评的应对之道……96

第二十二封信　关心、尊重与包容……100

第二十三封信　困难，一点儿也不可怕……105

第二十四封信　团队精神，是每次成功的关键……110

第二十五封信　管好你的钱包……115

第二十六封信　创新，快乐的生活……120

第二十七封信　做成功的掌舵手……125

第二十八封信　不打无准备之仗……129

第二十九封信　不要畏惧！……133

第三十封信　必胜的信念……137

第三十一封信　成就感，让你感到更幸福……143

第三十二封信　未来，它只属于你……148

前　言

家庭教育、学校教育、社会教育是一个人成长和成才所需经历的三大教育。在这三大教育中，家庭教育首当其冲，尤为重要。如果，把一个人的成长和成才比作一棵树，那么，家庭教育就是树根，学校教育就是树干，社会教育就是树冠。家庭教育不光是学校教育和社会教育的根基，也是它们的支撑和保障。

家庭是孩子的第一所学校，也是他的终身学校；父母是孩子的第一任教师，也是他的终身教师。

如何教育好自己的孩子？这是当今父母所遇到的一个难题。

今天，不管是70后、80后还是90后，作为父母，我们遇上了历史上从来没有过的一段特殊的时期：科学技术的迅猛发展、传统观念的断层裂变、贫富差异的日益分化、互联网的深入影响、快节奏的生活方式、多元化的社交网络、信息爆炸的碎片化、人口迁移的多样性、教育资源的差异化……从计划经济时代到市场经济时代，从独生子女一代到放开二胎……无不深深影响着我们每一个家长对孩子的教育，关系孩子未来一生的成长。

今天，家庭教育已面临着前所未有的挑战，比历史的任何时期，都更受家长的关注和重视。

没有教育不好的孩子，只有不懂教育孩子的父母。不同的父母，不同的家庭教育环境，不同的教育方法和理念，教育出来的孩子截然不同。

懂教育的父母，可以成就孩子的一生；而不懂教育的父母，则可能毁了孩子的一生。

家庭教育成败的关键不是孩子而是父母，所以教育孩子应从父母抓起。

基于此，为了让新生代父母能真正成为孩子的第一位老师，完全掌握好的教育方法和理念，我们特从浩如烟海的世界家庭教育经典名著的历史长河中精心编著了这套《世界经典家教系列丛书》。这套书精心遴选了经过岁月的洗礼和时间的考验，结合前人的经验和后人的印证，已被后世所公认的家教经典：《学会与孩子对话——查斯特菲尔德给儿子的忠告》《培养天才的传世秘籍——卡尔·威特的教育》《打开孩子的财富之门——洛克菲勒教子书》《和孩子一起找到学习的乐趣——斯宾塞的快乐教育》《孩子也是父母最好的老师——斯托夫人自然教子书》《扮演好你在孩子眼中的角色——罗斯福教子书》《家庭是孩子最好的学校——约翰·洛克的家庭教育》《发掘孩子身上的巨大潜能——哈佛名人教子书》《走进孩子心灵的捷径——蒙台梭利育儿全书》《富过三代的秘密——摩根家族教子书》。

这套享誉全球的世界家教经典读物，揭开了孩子成长发展的奥秘，堪称改变和影响了全世界孩子成长的教育圣经。

这是一套值得每位父母收藏的家教经典，涵盖了孩子在成长和成才过程中的各个方面：包含健康的体魄、健全的人格、高尚的品性、良好的学习方法、完美的人际交往、个性的独立、能力的提升、财富的获取、情感的经营，以及日后婚姻、家庭、生活、事业等方方面面。

一套十本，每本书分别着重从不同的角度和方面来阐述对孩子的教育。这里的每本书可以分别独立，十本书又互成一体，全方面、全方位来帮助家长更好地教育孩子。

这套经典家教读物，影响深远，涵盖古今，气势恢宏，弥补了当前国内全面系统、深入细致、权威有力介绍世界家庭教育名著的空白，且有着其独有的魅力与特色：其一，这是一套推动西方教育革新，影响全世界几代人成长，历经数百年而不衰的教育精华，所选的每一本都是经典中的经典，权威中的权威；其二，每一部作品，结合当前的教育，使影响世界教育进程的大家作品与时下父母的教子需求完美结合；其三，深入浅出，通俗易懂，让高高在上的教育论著走下神坛，成为最接地气的家教读物；其四，没有干瘪的说教，不是枯燥的论述，而是案例丰富，故事生动，可读性强，借鉴性大，实用性强，启发性大……

  这是一个教育最好的时代，这也是一个教育最坏的时代。谁能抓住孩子教育的黄金时代，谁就能给孩子创造一个美好的未来。

  希望每一个孩子都能健康成长、快乐成才；希望每一个父母都能教子有方、助子成才。

  希望把这套家教读物送给每一位已为父母和即将为父母的人，还有每一位教育工作者和每一所图书馆。

  给孩子最好的礼物，莫过于给孩子最好的教育。

  给孩子最好的教育，从此书开始吧……

  谨以为记。

田学超

2016 年 5 月 20 日于武汉

本书作者 摩根的智慧人生

1837年4月17日,约翰·皮尔庞特·摩根出生在美国康涅狄格州哈特福德城的一个富有的商人家庭。

摩根家族的祖先是犹太人,于17世纪初,在新大陆的淘金浪潮中移民到美国,先是定居在马萨诸塞州。像其他犹太人一样,摩根家族一直延续着赖以生存的商业传统。到约翰·皮尔庞特·摩根的祖父约瑟夫·摩根的时候,祖父卖掉了在马萨诸塞州的农场,又转而来到哈特福德。先是经营一家小咖啡馆,经过苦心经营后总算有了些积蓄,于是又出资经营一家规模较大的旅馆,然后又购买了运河的股票,成为汽船业和铁路股东。但是,真正显示其经营才能的却是始于其投资保险业。当时,他们家族所在的哈特福德是美国保险业的发祥地,但是当时在全美国,保险公司的规模还相当小。能正常运营的保险公司也是屈指可数,只有寥寥的几家。因此可以说,约瑟夫·摩根算得上是美国保险业的先驱。

摩根的父亲基诺斯·斯宾塞·摩根从他父亲那里继承了经商的才能,他从16岁开始就闯荡波士顿的商行,23岁开始经营一家资产为5万美元的干菜店。后来,基诺斯·斯宾塞·摩根投身英国伦敦,成为伦敦金融界令人刮目的金融大师。当约翰·皮尔庞特·摩根诞生时,他家已跻身富人家庭。虽然还算不上是财富大亨,但在美国还是略有名气的。

摩根的诞生改写了摩根家族的历史,创造了属于他自己的"摩根时代"。在他生活的100多年前,他就像一个巨人一样支配着全球的金融世界。

作为创建通用电气公司、美国钢铁公司以及地域广泛的铁路帝国的幕后的策划人物，在几十年的时间里，他都是美国民间的核心银行家，可以说，摩根在许多方面塑造着他心中的金融世界。

摩根在1895年提出"国库管理国际化"，后来一些主张民粹主义的农场主在发起反对金本位的政治运动中继承了他的观点。

摩根组织了6200万美元的债券发行，从而堵住国库的漏洞，同时，又抬升了美元的汇价，从而挽救了美国经济。

1907年，在另一次戏剧性的金融危机中，金融市场的恐慌导致了为期两周的经济恐慌，摩根再施援手，注入大量资金解救了多家金融机构和纽约股市。

摩根家族的财富首先来源于金融业务，然后，转向对企业进行投资，占领美国支柱产业，维持巨大的财富来源，反过来又加强了摩根家族的金融霸权地位。摩根就是通过一系列金融资本与工业资本的垄断结合，才建成了一个庞大的金融帝国。

19世纪后期，美国几乎所有的大型融资活动都是由摩根财团牵头组织的。利用股权信托方式，摩根获得了银行行业史上前所未有的商业权力。银行家不再局限于为客户提供资金和建议，而是直接进入了公司的经营领导层。金融和工业之间原有的界限被模糊到了一个危险的境地。华尔街成了美国的经济领导，而摩根就是那里高高在上的皇帝。

一、摩根的崛起

1857年，年仅20岁大学刚毕业的摩根来到新奥尔良旅行，一次偶遇使他淘到了人生的第一桶金。

当时，年轻的摩根正信步走在嘈杂的码头，他偶遇了一位白人船长。从对方那深含忧虑的眼神中，摩根感到船长遇到了无法克服的困难，于是便与之交谈。船长告诉摩根，他是往来于巴西和美国之间的咖啡货船船长，刚刚从巴西运回了一船咖啡，谁知美国的买主破了产，一船的咖啡砸在了手里，令他一筹莫展。摩根看了看他随身带的样品，感到咖啡品质不错，心中大叫机会来了，就表示可以购买。船长大喜，表示如果他能全部买下，他愿意半价出售。摩根仔细考虑了之后，决定做成这笔交易。

摩根的父亲在当地有不少生意伙伴。当他们得知摩根的想法后，都不相信这个毛头小伙的眼力，都极力劝止他。他们劝摩根要谨慎，说那么大一船咖啡不是轻而易举可以销售出去的，这风险实在是太大了。然而摩根坚持自己的想法，那就是机会来了决不能错过。于是，他毅然决然地向父亲求助。他父亲毫不犹豫地支持了儿子的行动。大概是运气来了吧，就在摩根买下这船咖啡不久，巴西咖啡因受寒减产，价格一下猛涨了2～3倍，摩根大赚了一笔！捞到他人生道路上的第一桶金。

为此，摩根的父亲对儿子的能力大加赞赏。为儿子在华尔街开了一间摩根商行，从此，摩根就开始了他金融巨头的征程。

就在商行成立不久，美国的南北战争爆发，一天，摩根新结识的朋友克查姆与摩根闲聊时说："我父亲在华盛顿打听到，最近一段时间北军的伤亡惨重。"这消息马上触动了摩根敏感的神经，他想："如果这时大量买进黄金，汇到伦敦去，一定会使金价暴涨！"于是两人精心策划起来。最后，商量出了这么一个计划，先秘密地买下400万～500万美元的黄金，然后将其中一半汇往伦敦，另一半留下。同时有意地把往伦敦汇黄金的事泄露出去。这样，就会有许多人都知道北军打了败仗的消息，因此金价肯定会疯涨。两人说干就干，结果事情的发展完全如摩根的预料，不但纽约的金价飞涨，就连伦敦的金价也被带动得节节上扬，摩根这一大手笔再次大获全胜，又大赚了一笔，这成为他涉足国际金融的开始。

《纽约时报》对这次金价上涨做了调查，最后百思不得其解地惊呼说："没有任何正当理由来解释此次金价暴涨，这次涨价根本与军需品、粮食、棉花等的输出和输入无关。这一事件的实际操纵者，是纽约的一名青年投机家摩根。"

第一次黄金买卖圆满成功后，摩根深深认识到了信息的重要性，谁先得到信息就意味着谁能获得胜利。为此，摩根想方设法把一位原陆军部电报局的接线员史密斯请到摩根商行做电报工作。原因很简单：这位史密斯有一位好友文尼尔上校是北军统帅格兰特将军的电报秘书，通过这种关系，摩根就能比其他任何人都抢先一步获得准确的前线最新军事情报。

1862年10月的一天，摩根收到了父亲从伦敦发来的电报："南军用来突破北军海上封锁线的炮舰，都是英国的造船厂承造的，合众国为此再三向英国政府提出抗议，然而英国方面充耳不闻，毫不理会。为此，林肯总统和国务卿斯瓦特正通过美国驻英大使亚当斯，向英国政府提出最后通牒，要求停止为南军造船。你要特别注意华尔街的动向！"摩根马上让史密斯向华盛顿查询，证实林肯总统这次确实是下定了决心，且态度非常之强硬，甚至不惜与英国断交作为要挟。

很快，摩根的父亲又来了电报："英国政府已答应了美国政府的要求，停止承造南军的炮舰，但必须有个先决条件，即5天之内美国政府必须准备价值近100万英镑的赔偿费，作为对各造船厂停工的补偿。"接着，新的电报又到了："亚当斯大使穿梭于伦敦金融界，到处游说，希望能得到帮助，然而失败了，事已如此，美国的皮鲍狄公司被委托在24小时内准备好价值100万英镑的黄金，这一消息属于绝密，你可以见机行动。"摩根通过史密斯证实了这一消息。于是他毫不犹豫，当天就拿出能动用的全部资金购进了大量的黄金。

第二天，皮鲍狄公司为了完成急迫的任务，必须大量吃进黄金，金价一下暴涨起来，摩根趁此机会将昨天刚买进的黄金抛出，仅一天工夫就又大赚了一笔。

二、华尔街的"朱庇特"

赚足了钱的摩根转而开始在金融上打主意了，他首先想到的是投资银行。

南北战争前，一般的中小企业仍是规模较小的家庭式作坊，他们所需的周转资金，只要向本地的商业银行或地下银行借款就绰绰有余了。但这样的情况随着工业的发展已越来越跟不上形势的发展。后来，随着资本的需求剧增，过去为小商品生产者提供资金的商业银行就显得力不从心了，而投资银行则正好顺应了潮流，可以提供更大量、更灵活的资本，投资银行家们越来越受人们青睐。于是，各种联盟与托拉斯就在这样的情况下应运而生了。

当时美国工业发展中最重要的运输手段就是铁路，铁路在高速发展的同时，也必须投下大量资本以延长铁路线或增加机器设备等，因此，公司债券的发行量必须随之增加。而所需金额是如此庞大，以致铁路企业不得不依靠投资银行。正是由于看透了这一点并抓住了时机，摩根运用自己的投资银行系统在对铁路进行大量投资的同时，按照当时的规定，他有权加入到铁路的管理中去。经过摩根的运作，铁路的发展速度很快，接着他又对几大铁路运营商进行重新规划。到1900年，在摩根直接和间接控制之下的铁路长达10.8万公里，几乎占了当时全美国铁路的三分之二。

其实，摩根的这种运营模式，石油大王洛克菲勒此前也有过，但却没有取得成功。而摩根当时的财力比有着雄厚资金的洛克菲勒要小得多，但他却成功了，其中的关键就是因为他用投资银行的办法，使他能调度掌控的资金往往高达几十倍甚至成百倍。如果没有十分高明的手腕，是不可能完成如此大规模的动作的。后来洛克菲勒不得不承认，摩根调集资金的能力是自己所不能企及的。摩根对铁路的渗透最终获得了成功。这就是后来被金融界称之的"摩根化体制"。所以说，"摩根化体制"是顺应时代潮流的必然产物。

但是，摩根并不满足于铁路业上的成就，他是个永远也不知道满足的人。经过考虑，他的目光投向了当时新兴的工业生产的重要支柱——钢铁业。为此，他创办了联邦钢铁公司，几经拼搏之后，联邦钢铁在企业界站稳了脚跟并奠定了重要的地位。但是，在美国钢铁企业的排行榜中，坐第一把交椅的仍是钢铁大王卡内基，而摩根，则排到了第二，那个在五大湖周围一直到南方大肆购买铁矿山并插手钢铁业的石油大王洛克菲勒则只能排在第三。

在巨大的成就面前，摩根还不满足，他要与卡内基一拼高下，这大约正应了中国的一句古话:"一山不容二虎"吧。摩根决定向卡内基这个庞然大物宣战。但摩根知道此事不是那么容易成功的,想要吃掉卡内基,必须等待机会。

机会来了,摩根得到了消息:卡内基似乎有意将与钢铁及焦炭有关的全部钢铁企业的股票卖给"莫尔帮"。"莫尔帮"指的是以威廉·莫尔为首的芝加哥投资商。莫尔的父母都是银行家,莫尔从小耳濡目染,大学学的又是法律,这使他在经营之道上如鱼得水,一路也是顺风顺水。在华尔街上,他是新一辈中的佼佼者,他与其弟和伙伴们在华尔街被称为"莫尔帮"。

但让摩根不解的是,正处在事业顶峰的卡内基怎么突然想隐退呢?其实摩根不知道,这段时期,卡内基的心情糟透了。他接二连三地遭受失去亲人的打击,先是与他亲密合作的弟弟汤姆和最敬爱的母亲相继撒手西去;时隔不久,在布拉德克的工厂里,由于发生熔炉爆炸事故,他最可信赖的助手——琼斯厂长也在这次事故中遇难。这些接踵而来的沉重打击,使卡内基陷入了痛苦的思考之中:自己从一个织布工的儿子,一个穷光蛋,发展到今天这个地位,成为全美国甚至世界有名的钢铁大王,拥有令世人羡慕的巨大财富,可又有什么用呢?现在我富有了,上帝却偏偏在这时让我承受亲人朋友离我而去的痛苦。难道是聚敛这些财富给我带来的罪孽?卡内基陷入了痛苦之中。最后,他想通了:"富人如果不能运用他所聚敛的财富来为社会谋福利,那么就是死去时也是死不安稳的。"于是,卡内基决定放弃事业。

但莫尔并未吃掉卡内基奠定的庞大基业。莫尔与卡内基的谈判没有成功。主要原因是,卡内基认为,莫尔根本没有足够的财力来接纳和吸收卡内基那庞大的钢铁帝国。

于是,卡内基有意想把他的钢铁王国卖给洛克菲勒。

摩根心里暗自着急:为什么不卖给我?!但摩根表面却显得异常地平静,做出一副事不关己高高挂起的姿态。因为他知道,凡事只要想干,就一定有机会。因为他坚信,只有自己才有足够的能力、精力和财力来接管卡内基的事业。

摩根在耐心地等待时机。

果然，洛克菲勒此时正忙得团团转呢。首先他正忙于控制世界的石油生产与买卖，其次又刚刚有一项投资俄亥俄新矿山的计划失败，最后还被骤然而起的反托拉斯的风潮波及，首当其冲地成了被责难的对象。此时的洛克菲勒可谓被搞得焦头烂额，自顾不暇，哪里还有心思来考虑卡内基的那份事业？

漫长而耐心的等待得到了回报，摩根的机会来了。

卡内基以前任用的总裁叫佛里克，但佛里克对摩根在金融上的运作方法有看法，这也是卡内基没有考虑让摩根接管自己事业的主要原因。因此摩根即使想与佛里克套近乎都找不到门路。但凑巧的是，由于某种原因，卡内基与佛里克之间发生了严重的矛盾，佛里克辞了职，新总裁是一个名叫许瓦布的人。而更凑巧的是，摩根的女儿路易丝的丈夫就是许瓦布的知交。也有人臆断，卡内基任命许瓦布为新总裁的原因正是由于知道许瓦布和摩根的这层关系，这也说明卡内基已经意识到，除了摩根，世上再无第二人有能力购买他那庞大的钢铁王国了。

事情正朝着摩根希望的方向发展着。

这天，许瓦布应邀到纽约大学俱乐部演讲，摩根装作有意无意地坐在了他的旁边。都是商界的名人，两人自然很快地聊了起来。一番交谈，两人都觉得甚为投缘。

晚宴一结束，摩根就热情地邀请许瓦布到他坐落在华尔街的办公室里做客。两人一直谈到深夜，几天之后，许瓦布再次被邀请进摩根的办公室中。

第二天，卡内基约许瓦布在纽约的圣安德鲁尔俱乐部与他打了一场球，然后两人一起走进卡内基别墅的书房里，轻声交谈后，卡内基在一张纸上，用潦草的字写下了这么几个字："1.5。"

他这是在指示许瓦布，如果摩根肯出时价的1.5倍，他就同意出卖他的钢铁王国。最后的结果是，这次交易"以4亿美元以上达成协议"。

在当时，这是一个令人咋舌的天文数字！

1901年4月1日，正好是愚人节那天，U·S·钢铁公司正式宣告成立。摩根为此举行了盛大的新闻发布会，发布会上宣布了新公司的资金是8.5亿美元。

摩根的愿望实现了。这么一个钢铁大联合企业，可以说是美利坚合众国历史上少有的盛事，摩根就是这次盛事的主角。

摩根的愿望虽然实现了，但接下来的又是一件麻烦事，那就是摩根必须购买洛克菲勒的五大湖矿了，否则就会出现原料掌握在别人手里的不利局面，这样的话，新公司的主动权就无法掌握。甚至有可能出现因原料不足，导致新公司陷入无法正常运转的境地。

刚刚战胜钢铁大王，摩根又不得不转身再战，对付石油大王洛克菲勒。

洛克菲勒拥有的铁矿山中，以检瑟比矿山最吸引人。它是全美最大的铁矿山，储藏量高达5000万吨。矿石品质优良，居全美之冠，所以摩根一下就相中了这个矿山，决心要从洛克菲勒那里买过来。

这天早晨，摩根就来到西区54街拜访洛克菲勒。两位名震世界的巨头坐在了一起。两人虽然是名震世界的大亨，但过去互相之间只在社交场合见过一面，连一句话也没有说过。

摩根被洛克菲勒请进了客厅，他刚一坐下，也没有什么寒暄，也没讲客套话，而是开门见山地说："我想购买检瑟比矿山和五大湖的矿石输送船。"

"哦?"洛克菲勒稍一愣后一笑说："检瑟比矿山我已经交给我儿子管理了，我会叫他去拜访您的。"

两大巨头的第一次交谈就这么结束了。

小洛克菲勒按照父亲的指示来到摩根办公室后，从容地开出了7500万美元的高价。尽管摩根知道洛克菲勒开出的这个价格只不过是他那全世界响当当的名声和他那具有重大战略价值的矿山。一阵思考后，他还是爽快地同意了这个出价。

就在摩根以为这次交易就这么轻易地做成了时，耳边响起了小洛克菲勒这么一句话："价款必须用 U·S·钢铁股票支付。"

如果一般人听了这话，心里一定不是滋味：你在打别人的主意，反过来别人也在打你的主意。这个条件无异于趁火打劫了，所以，无论如何，似乎摩根都不会答应这个条件。

但摩根并没有生气。不，他不但不生气，心中还有点窃喜。

摩根的想法显然和一般人不一样。他再一次从这种合作中看到了商机。7500万美元的股票并不能对他摩根造成什么威胁，相反，他想："就连洛克菲勒，也想要我摩根 U·S·钢铁公司的股票？那么，这说明洛克菲勒是非常看好我摩根的事业了。"

"连洛克菲勒都看好我的钢铁公司，哪里去找这么好的广告效应？"

想通了这一点，摩根伸出右手，微笑着却又是坚定地握住了年轻的小洛克菲勒的手。

收购了洛克菲勒的矿山后，摩根解除了后顾之忧。钢铁公司的生产也开始了飞速的发展。1901年，摩根组建了"美国钢铁公司"，新的钢铁大王的帽子戴在了他的头上。

任何一个人若能戴上这帽子，就会在史上留下光辉的一页，而这只不过是摩根众多商业神话中精彩的一页而已。甚至连美国中央银行，也可以说是在摩根的"逼迫"之下成立的。

那是在1884年11月，美国爆发了一次大规模的金融危机，人们就像得了恐惧症，市场上出现了一场抛售证券来抢购黄金的狂潮。这一来，美国财政部储备的黄金迅速大量外流，国库频频告急。为了消除金库空虚而带来的经济恐慌，无计可施的新上任的总统格罗弗·克利夫兰只好来找摩根，求他帮助筹集巨额资金。摩根探知到国库存款甚少已陷入危机的情况后，他向政府提出由摩根银行取代财政部承办黄金公债的条件。这是一个"狮子大开口"的苛刻条件，令克利夫兰总统十分尴尬而感到非常难以接受，但最后却在摩根面前甘拜下风，不得不接受了摩根的条件。在与克利夫兰总统达成协议的当天，摩根取出大量美元帮助政府成功救市，发行了黄金公债，最后他从黄金公债的市场差价中净赚1200万美元。正是这次金融危机事件，促使美国政府考虑到，再也不能过度依赖于一个人，就在这种形势的逼迫下，美国才成立了属于国家的中央银行。

摩根在华尔街有一个绰号："朱庇特"。在希腊神话里，朱庇特是天之主神，众神之主。这个绰号形象地道出了摩根在美国的地位。

三、做世界的债主

在法国，经过了普法战争和巴黎公社革命后，政局一直很混乱。成立于法国西部加伦河畔的波尔多临时政府首脑梯也尔给摩根的父亲拍发了紧急电报，让他赶到托文城去，越快越好，说有要事相商。

摩根的父亲火速赶到了托文城，原来梯也尔想让摩根的父亲包销法国的国债，金额为2.5亿法郎，约合5000万美元。5000万美元，在当时是个相当大的天文数字。我们只要举一个例子就可掂出这5000万美元的分量：美国从法国人手里买下的大路易斯安那这片地，有整整214万平方公里之大，才不过花了1500万美元。

摩根的父亲没有犹豫，决定承购这一大笔法国国债，他要求摩根设法把这一笔法国国债在美国消化掉。摩根接下了这一重任，但他想到，要自己一个人承担如此大的一笔数目，负担看来是过重了。经过思考，摩根想到一个新点子——成立辛迪加（联合）公司，也就是把华尔街上有一定规模的投资金融公司集合起来，成立一个国债承购组织，共同来承购这笔国债。摩根想到就做，他立刻着手去实行。这种方法说穿了其实就是各机构利益共享，风险同担，用这办法来消化掉那庞大的一笔国债，这确实是一个大胆而富有创意的想法。

摩根为此又忙碌了起来。

然而，正当摩根为此而拼命努力时，他的努力却遭到了舆论界的抨击。《伦敦经济报》这样评论："发迹的美国投资家J.P.摩根承购法国政府的国家公债。承购者想出了所谓的'联合募购'的方法来消化这些国债，并声称这种方式能将风险透过参与'联合募购'的多数投资金融家，逐级地分散给一般大众，而不再像以往那样集中于某个大投资者手中。乍一看来，似乎因分散而降低了风险性，但其实假如经济恐慌一旦发生，其引起的不良反应就快速扩张，有如排山倒海一般，反而使投资的危险性增加。"

在纽约舆论界，也有类似的评论。

不管评论是褒是贬，一个青年金融家引出这么大的话题和全世界的注意，对摩根知名度的提高本身就是一件好事。按现在时髦的说法，这些评论其实是在帮摩根进行炒作。

大众的目光都集中到了摩根身上，而事实证明，"联合募购"是成功的，摩根成功地消化掉了5000万美元的法国国债。这一来他的名声大振，一下传遍了世界各地，各种赞扬之声也不绝于耳。到了后来，对国债实行"联合募购"几乎就成了一直延续至今的不成文的规矩。

事实上，"利益共享，风险共担"这一经济法则到现在已渗透到了我们每一个人的生活中。而摩根就是这一法则的始作俑者，他早在100多年前就确立了这一法则的领袖地位。

摩根由于在重大的关头总能找到正确办法，作出正确的决策，而此时的他，已经是财源遍地，其事业上的成就，资金之雄厚，已远非他的祖父、父亲可比了。于是，摩根又把目光投向了整个世界，因为美国的庙，在他面前已经有些嫌小，装不了他这么一尊大菩萨，也施展不开他的手脚了。他要向外扩张，向美洲扩张，向全世界扩张，而扩张的最有力、同时也是他很早就已运用熟练的工具，那就是购买外国政府的国债。

早在美西战争之前就有消息透露：墨西哥政府由于无力偿还西班牙政府的旧债，已到了破产的边缘。在一只脚已经踏向了深渊的情况下，墨西哥政府当局不得不死马当作活马医，继续着手发行公债，计划发行的公债金额将达到1.1亿美元，以利用新债还旧债的办法，来渡过眼下的难关。在一般人看来，谁都不会去认购墨西哥政府在这种情况下发行的公债，因为风险实在是太大。

而摩根的想法却与众不同。他是这样想的：正因这个时候墨西哥政府处境最艰难，此时我伸出手去帮一把忙，既可以得到较多的实惠，又为以后在墨西哥的发展打下了良好的基础。

别人不敢做的事，做了才有更丰厚的利润，这是摩根一贯的做法，况且墨西哥的政局还是稳定的。

摩根立即和德国银行联系，两家联合起来组织了辛迪加认购墨西哥公债，当然，墨西哥政府也有实惠的条件：以墨西哥的油矿及铁路权作为担保。事实证明，摩根的决策是对的，这次行动不管从短期还是长期来说，都为他带来了不小的收益。

事后，不仅是华尔街、庞德街，就连法兰克福及巴黎的金融家和经济学家，人们无不佩服摩根的头脑敏捷，判断准确，都不得不承认自己无论是在眼光上还是在魄力上都差摩根老大一截。

摩根在墨西哥的国债上获得了成功，于是他又把眼光盯上了阿根廷，这次，他是以一个救世主的形象出现在世人面前的。

阿根廷在经过1864年到1870年与巴拉圭的战争后，元气大伤，到了19世纪90年代，全国陷入了经济危机之中。伦敦的哈林公司以阿根廷的广大土地作为抵押，购买了大量的阿根廷公债，获利不少，然而因其财力限制，无法全部承担阿根廷政府发行的公债。这就给摩根找到了机会。他通过论证，首先想到了如下的事实：阿根廷的铁路非常有潜力，乳酪产品在世界也很驰名，政府虽然非常腐败，但对于外国资本却是恭敬有加，这样风险就相应地少了很多。另外，摩根也考虑到如果阿根廷政府倒台了，对以后往南美发展也没有好处，买阿根廷政府的公债，一则可以从中获利，二则可以维持阿根廷现有政权的稳定，同样有利于自己今后的发展，这是一笔合算的买卖。就这样，摩根毅然出资购买了7500万美元的阿根廷政府公债。

时间老人过去了100多年，站在今天的角度，当年摩根购买墨西哥与阿根廷的公债究竟对美洲人民起了什么作用？是拉了美洲人民一把，还是把他们更深地推入深渊，剥削了美洲人民？人们的说法不同，难以分辨。但无论如何，作为一个商人，获利是他的本质。摩根通过这样的手段，扩大了自己的势力与影响，捞取了大量的财富，我们不应用今天的眼光来苛求他。而另一方面，摩根通过购买他们的公债，起码是维持了这两个政府的稳定，这一点是谁也无法否认的事实。

做外国人的债主，让摩根很是得意，但真正让摩根最感得意的，是连号称日不落国的老牌资本主义国家的大英帝国都不得不向他摩根求援。

作为荷兰东印度公司的殖民地而开发的霍屯督族的国家布尔（即现在的南非），在拿破仑战争结束后，成了大英帝国的众多殖民地中的一块。后来，该地的钻石与黄金被探险家们开发了出来，这可是谁都觊觎的肥肉。而大英帝国为了开发钻石与黄金这两大块肥肉，制定了残酷而苛刻的殖民地政策，这样就进一步加深了与原先就住在那儿的布尔族人的矛盾。随着矛盾冲突的激烈，爆发了第一次布尔战争（1880~1881年）。

战争的结果是英国人胜利地将布尔族人驱逐到了北方，将黄金与钻石的产地统统收归己有，加以严格的管制。这样一来，英国人与布尔族人的矛盾进一步加深，终于又爆发了第二次布尔战争（1899年）。

这一次，布尔族人吸取了上次战争失利的教训，采用灵活而顽强的游击战与英军周旋，使英帝国的远征军备受困扰，欲进不能，欲罢不甘，骑虎难下。而更要命的是，第二次战争开始后，英国的战争费用节节攀升，出乎意料的庞大，远远超出英国人开战初的估计。而这时，正是屋漏偏逢连阴雨，历来与英国水火不相容的德意志皇帝，此时正野心勃勃地计划建造一支大舰队，大英帝国历来是海上的霸主，这权威岂能容忍他人取而代之？所以，大英帝国必然要与德国抗衡，于是展开了激烈的军备竞赛。一边开战一边扩充军备，英国的财政顿时陷入了极端困难的境地，单靠自身的力量已无力回天，必须求助他人了。

在这种情况下，英国政府首先就想到了摩根，于是派出罗斯查尔公司纽约代表处的贝尔蒙来向摩根求援。摩根经过考虑之后，最后答应了下来。摩根首先从第一次布尔战争的公债下手，一口气购买了价值总计1500万美元的公债。后来又不停地追加认购。到最后，实际总共认购了价值高达1.8亿美元的英国政府公债。做了这笔战争公债的生意，摩根又获得了可观的利益。

到了20世纪初，可以毫不夸张地说，摩根已经成了世界的债主。

四、啊，我要爬山了

1913年，摩根的生命走到了尽头。

造成摩根身体垮掉的原因很多，长年的劳累是主因，但几件事的发生也起了推波助澜的作用。

20世纪初期，摩根组织了一个庞大的跨大西洋航行财团，这是一个世上少有的大财团。著名的泰坦尼克号游轮就是这个财团下的游轮。

灾难似乎就是从这个财团开始的，以至于有人说，这个财团是一场"金融大灾难"。

1912年，这个"大西洋航行财团"的旗舰泰坦尼克号开始了它的首航。摩根原本也预定在航行之中。摩根曾预订了一套头等套房，后来因故没有上船，四天后，泰坦尼克号因碰撞冰山而沉没。泰坦尼克号的沉没造成一场世界大灾难，这场灾难使1500人丧生，是世界航运史上最著名海难之一。

摩根侥幸地逃过了死神的召唤。事实上，他预订的房间在行程中一直没有人入住，但1997年风靡全球的电影《泰坦尼克号》中，却让女主角露丝住上了这套头等套房并以此为蓝本，拍摄出了一部令人潸然泪下的凄美的爱情故事。

幸运地逃过了一劫，但似乎死神已经盯上了摩根。

医生认为摩根是因为过度疲劳引起的身体的不适，建议他外出度假放松放松。1913年1月7日，摩根乘船前往埃及开罗。出发前，他立下了遗嘱："把我埋在哈特福德，葬礼在纽约的圣·乔治教堂举行。不要演说，也不要人给我吊丧，我只希望静静地听黑人歌手亨利·巴雷独唱。"摩根似乎已经预料到了自己的不幸。在旅行途中，摩根体力迅速衰减，最后只好被送回美国，但在从开罗回国的途中，摩根就处于病危状态。

就在这一年，国会开始调查一些对摩根的指控，这其中包括说摩根财团涉嫌恶意控制美国的财政命运，75岁的摩根只好无奈地出庭接受国会委员会的审讯。

一连串的打击，加上长年的身体健康的原因，摩根再也支撑不住了，两个月后，他就离开了他为之奋斗了一生的这个世界。

"啊，我要爬上山了。"这是摩根在这世上说的最后一句话。华尔街的"拿破仑"、金融界的"朱庇特"与世长辞时，说的这最后一句话也许是想告诉世人，他已经返回了众神居住的地方——奥林匹克山。

说来也巧，半个多世纪前，摩根就是在旅行途中捞到了他人生的第一桶金，从而奠定了他在金融界霸主的基础。53年后，他同样是在旅行途中升天去做众神之主了。这可能是一种巧合，也可能是命运对他的刻意安排吧。

摩根的遗体被送回纽约后，整个华尔街都降半旗以示对这位众神之主的敬意。

在他去世的消息公布后的12小时内，一共有3698份电报如雪片似的从全世界涌来，这些悼念电报分别来自国王、教皇和全球著名的艺术品商、银行家和实业家。过去，只有皇室的成员——且是主要成员的逝世，才能同时获得社会名流和平民百姓的关注和哀悼。

更令人想不到的是，在摩根去世后，人们才发现他的个人财产只有6000万美元——另有与这个数相当的艺术品的时候，所有的人都为之震惊了。约翰·D.洛克菲勒在公开场合这样评论摩根："这点财产甚至还不足以让摩根称得上是一个'富人'。原因是他对敛财从来就没有太大的兴趣，对摩根而言，让美国经济合理化更为重要。"

摩根走了，但他留给人们的财富——这里指的并不是金钱，却至今影响着世界。特别是他所创立的金融法则、经济规则以及他在经济活动中善于多变的思维方法和大胆的创新思路，至今仍无人能敌。

摩根财团是由摩根的父亲基诺斯·斯宾塞·摩根通过继承乔治·皮博迪在伦敦创办的金融机构而逐步发展起来的。

这家金融机构是由美国银行家乔治·皮博迪于1838年创办于伦敦，基诺斯·斯宾塞塞·摩根继承过来后，使其发展并开始闻名于世，但直到19世纪80年代，摩根掌权后将财团的总部迁到纽约，摩根财团才走上了飞速发展的道路而名声鹊起。

摩根不但精通金融业务，更是一个资产重组的高手。他主持建立了垄断全美的钢铁公司，使其成为美国确立世界霸主的物质基础；重组了当时美国过度发展的铁路系统，使之能良性发展并正常运作，而不再被指责为一个浪费资金的行业；对海洋运输投入大量资金与精力，组建了一个行业卡特尔。就连在美国危难之中挽救金本位制度，也被赫然记在摩根的功劳簿上。

摩根创建了一个庞大的金融帝国。摩根家族包括银行家信托公司、保证信托公司、第一国家银行，总资产34亿美元。摩根同盟总资本约48亿美元，由国家城市银行、契约国家银行组成。

摩根同盟与摩根家族被总称为摩根联盟。在摩根联盟中，以摩根公司为轴心而进行董事部连锁领导，与大金融资本以下、超过20万的主力金融机构互相连接，这是一个结构庞大、组织严密的"摩根体系"。

1913年，美国国会发表《货币托拉斯调查报告书》，其中谈到摩根死前一年的财产：1912年，摩根财团控制着53家大公司，资产总额127亿美元。这些资产中，有金融机构13家，30.4亿美元；工矿业公司14家，24.6亿美元；铁路公司19家，57.6亿美元；公用事业公司7家，14.4亿美元。

摩根公司在铁路业上的渗入是尽人皆知的。同时，通讯业方面它还拥有ITT（国际电话电报公司）、全美电缆、邮政电缆、AT&T（美国电话电报公司）等。摩根同盟的手下有510亿美元的总资产，属下有亚那科达铜山、西屋电气、联合金属炭化物等主要托拉斯企业。上述所有相加，合计所有总资产，扣掉重复部分，大恐慌前的摩根体系拥有740亿美元的总资本，相当于全美所有企业资本的四分之一。167名董事，从摩根公司走出来，控制着整个摩根体系，执行着由华尔街的摩根发出的指令。由此可以想象，这是怎样的一个史无前例的霸业！

摩根走了，但他开创了"摩根时代"，即金融寡头支配企业大亨的时代，他创立的"摩根体系"至今仍一直活跃在世界的经济舞台上。

摩根死后，他的后代继续扩张，财团雄风未减，霸业更加显赫。摩根留下一个显赫的家族，留下首创的"联合承购国债"的华尔街的模式。

虽然如此，但自从摩根死后，再也没有哪个人能像摩根那样对美国经济产生如此重要的影响。

摩根有一句至理名言："有攀升，就有下跌；有过热，就有疲软。"这句名言在一百年后仍然对全球经济有着指导意义。

第一封信　勇敢走向看不见硝烟的战场

亲爱的小约翰：

听着，孩子，我有很多想法要告诉你，但是现在我要对你说的话，和我以前曾经对你说的话，是完全不同的。因为在我看来，你现在已经不是小孩子了。你很快就要踏入一个琳琅满目的社会大家庭，你即将和我一同并肩作战，共同面对这个虽然看不见硝烟但其残酷性一点儿也不亚于有硝烟的战场。因为你不仅仅是我的孩子，更重要的是，你还是我的战友、我的同事。今天，对于你来说，应该是你一生中一个特别要记住的非常重要的日子。20年过去了，你在学校的生活已经宣告结束，我想你应该已经接受了不少的理论知识，你应该有资格可以正式投入到现实社会的工作行列中去了，我想你一定会感到十分的高兴吧。现在有很多人不太喜欢自己的工作，那是因为一旦参加了工作，就可能会面对这样一些实际的问题：早上必须要很早就起床，成天都是反复做一些枯燥无味的工作，同时也会因此失去很多娱乐和玩耍的时间，严重的，甚至会引起身体上的某些疾病。可是换个角度来看，我们就会看到有很多人却急于投身到这样的工作中，因为他们觉得只有工作才可以帮他们实现自己的理想和愿望，所以他们都希望能通过自己在工作方面的努力，去发挥自己的能力。我当然希望你是属于后者，更希望你不单单只继承我们家族数之不尽的财富，更希望你能创造出更多的财富。

亲爱的孩子，在你走向现实社会之前，我对你的管教可能是严厉了一些，我的严厉可能让你失去了很多玩乐的时间。可是，我想你应该懂得，我只是想让你可以接受到更多正式的教育。现在，你在精神方面的框架已经基本上成型，你要将过去那么多年的努力学到的理论知识运用到竞争十分残酷的现实社会中去，首先要用来维持你的生计，还要保证你的地位，然后你就可以向更大更高的层面发展进发了。对于这一点，你有着非常大的优势，因为你将要接触的一些事务，对于你来说已经是非常明白的了，你也很渴望能早日成为一名优秀的企业家。

可是现在有很多年轻人却不可能有你这样的幸运，他们仅仅是为了生活或者能生存下去而苦苦挣扎，他们甚至搞不清楚自己的目标究竟在哪里；也有一些人虽然选择了自己奋斗的目标，可是却没有办法进入到去追求目标的队伍中去。你有没有想过一切都是为什么吗？其实，你和那些人的不同点就在于，你拥有我这样的一个父亲。作为一个父亲，我可以把我这么多年在企业界获得的经验和心得毫无保留并无半点儿私心地全部告诉你，我要把我总结出来的我们的祖先——从迈尔斯·摩根1636年登上美洲大陆经营农业开始，经过了一代又一代努力的经营和创造，到发展地产、金融所有的成功经验全都无私地告诉你，希望你可以继承并发展我们摩根家族的传统和事业。你想想看，你是不是比那些人都幸运多了？你拥有明确的目标，也拥有很好的工作，这就是个好的开始。

所以，从你进入公司的第一天开始，你就必须要做到每天准时上班，勤勤恳恳地对待你的工作。首先，你要从基层开始磨炼自己，这样你才可以清楚地了解企业运转的每一个环节。因此，保持工作时的纪律性，这是非常重要的。你想想看，如果一个人连按时上班都做不到，他怎么可能承担起重任呢？在我们企业，上班的时间都是固定的，而下班的时间就要按照每个人工作的不同和需要来决定，具体地说，就是要按自己的工作需要来衡量。一般的情况下，有一些公司对于上班的时间并没有硬性的规定。所以，如果一个人没有办法接受我们公司必须按时上班要求的规定，他可以去尝试那些对这方面没硬性规定的公司。我不希望跟你约好在7点钟见面，可是你却在8点钟才匆匆赶来，即使你是属于管理阶层，也必须在规定的时间准点到公司上班。

在工作中,你必须多多接触那些长时间为公司尽心尽职工作的同事。你一定能够谦虚地吸取他们的经验和管理方面的知识吧!在这个阶段,如果你想要有所改变的话,不要太着急,因为时机还没有成熟。如果你对现在的某些做法有什么想要改革的意见——我指的是比现在更好的方法——你尽管大胆地提出来。可是,一定要注意在进行的时候不要太严格了。成功者不可能是等着天上掉馅饼的人,成功者往往是边学习边等待着合适时机的人。成功者也必将是这样一种人:他们会将一个计划反复思考很多次,考虑到各种也许会发生的意外情况后,然后得到一个较为周全的计划。如果你确定公司的某些政策必须要改变时,也不要急于求成——当然,紧急情况除外。虽然有的时候,一个企业的决策者要有果断、速战速决的作风,可是,这是需要根据情况来决定的。对于那些还没尝试过的生意,一定要经过一段时间的仔细研究,基础牢固之后才可以进行。

你在学校学到的理论知识虽然可以指导你的工作,可是真正的工作还是得靠实践。在公司的工作过程之中,只要你能够谦虚地向别人学习,你就一定可以接受到很好的指导。而我认为你现在应该先从销售部门学起,等你对工作有了一定的了解之后,我就会开始安排你与客户见面,让你更了解自己的特点并发挥你的推销方面的才能。你要明白这一点,这些客户和我们公司交往的时间,都是比你的年龄还要大的。所以,你也可以从他们那里知道一些对于我们公司的想法和观点,这些是可以增长你对公司的认识的。

我还得提醒你的是,在你与客户握手之前,你必须要尽可能地了解对方,从客户的立场来看,第一印象是非常重要的,而他们却只会给你一次机会。所以,从一开始你就必须要下点功夫,给对方留下一个良好的印象。否则,以后你就可能得多花一两年甚至是更多的时间才能抓住客户的心,那么你出发的速度就不得不慢了下来了。

你刚刚进入公司,一定要记住多听少说。如果你想成为一个健谈的人，就得先学会成为一个善于倾听的人。你要学会鼓励别人多谈谈他自己，多听取他们的建议，这样才能更客观地看待问题，才能作出一个正确的决定。

从前，在我决定是否录取一个推销员的时候，我会挑两三个客户做一次实验，要是有一个客户批评他的"话太多"时，我就绝对不会录用这个人。其实，这个道理非常简单：言多必失，与其你自己暴露缺点，倒不如你认真想想你要说的话，因为人们往往欣赏那些知识渊博，但却从不吹嘘并且很谦虚的人。我们的客户同样是如此。

在和客户打交道的时候，你要做好充分的准备。必须要带好公司的完整的资料，同时，你也要在心中不断提醒自己，和我们竞争的同行比我更优秀，更能给客户提供令人满意的服务。这就要求你对于自己要拥有足够的勇气和自信，这样，你就能在客户面前娓娓而谈，得到对方的好感，就可以顺利地完成工作。可是，你千万要注意的是：不要夸大事实，也不要抢着和别人说话。要学会尊重对方，等他把话说完了你再提出自己的观点。

推销工作虽然是一项很重要的工作点，但一定要记住：完备的售后服务才是更重要的事。如果因为我们服务不周到，让客户对我们产生了怨言，并且因此而离开我们，让我们需要不断地找寻新的客户，如果是这样的话，便一点效率都没有了。虽然我们也一定会寻找到新的客户，但在损益表上，却没办法看到有多少余额。所以在找寻新客户的同时，也一定要注意到售后服务，这样才能保证公司的发展和快速成长。

服务是企业的生命，只有做到良好的服务才能让企业更具有竞争力。所以一定要在售后服务上更加努力，同时，你也必须和原料供应商之间保持良好的关系。有些原料供应商，在看到我们良好的售后服务之后，不仅仅只是羡慕我们的工作效率，即使有其他的同行用降价甚至是暴力等手段威胁他们的时候，他们还是会坚定不移地向我们提供原料，更不会终止合同。当然，我也希望我们的客户可以用同样的态度来对我们。

你要把刚开始做的工作的这一个阶段当作你的锻炼和实习，不要独断妄行地作出轻率的决定。在这段时间里，你应当尽可能地小心，但也不要紧张到草木皆兵似的把每个人都当作敌人。你要注意观察每一个新进来的职员，就像你在学校时观察新来的学生一样。同时，要想到别人也在戴着有色眼镜看你，一个细微的错误，就会让别人留下深刻的印象。所以，你一定要注意你的言谈举止。我的这番话可能会让你觉得害怕，可是你也不要太担心，毕竟"罗马不是一天就造就的"。更何况，我写这封信的目的，只是想给你点建议。

你所受到的教育能让你清楚地知道你的目标，就是要成为一个优秀的企业家。在过去的20年里，我一直在观察着你成长的过程，发现你对任何事都不会太强求，是个松弛有弹性的人。可是，你能不能发现工作的乐趣呢，这就得看你自己了。

人都是在不断地学习中进步，不进则退。你有理想、自主、有责任感，这些都能让你知道工作可以成为你人生中的乐趣。可是，你也不要忘记，竞争是多方面的，30年后的企业界的巨人，在现在，也是和你一同进入社会，投身企业之争的。

最后，我还想再说一句，未来的企业界的巨人，肯定不会是在走出社会之后，就不再鞭策自己继续用功努力的人。他们只不过是改变了用功的时间，他们只是偶尔用娱乐来调剂日常的生活，然而夜晚和周末也都成为他们用功努力的时间，就是这样。

由于企业的大事小事都需要我去拿主意，所以我没有更多的时间来陪伴你，你必须要自己不断地去学习积累。每一个做父亲的都希望自己的儿子可以成为人中之龙，我同样也不例外。16世纪的诗人乔治·哈伯特曾经说过："一个父亲胜过一百个老师。"这句话是很有道理的。

为了获得生活的食粮，现在你就得走向现实的社会。一年后，我希望你用你最好的成绩来向我汇报。成绩反馈的作用是不能够被忽视的。然而任何事都是复杂的，我们并不排除失败的反馈作用。是的，失败会使人失去斗志，可是对于一个意志力坚定的人来说，失败却可以激励起更大的斗志。当然,这种激励是以失败所造成的代价为基础的,管理者只能将失败作为垫脚石,绝不要去制造失败。

  勇敢地去迎接挑战吧!

你的父亲
约翰·皮尔庞特·摩根

第二封信　做"给加西亚送信"的人

亲爱的小约翰：

　　读书吧，一定要善于从书本中汲取营养。书籍，这是前人智慧的结晶，它可以让你少犯错误。你要多多读书，一定得多看那些好书。现在，我想介绍给你读一本书，我很喜欢的一本书，就是《致加西亚的信》。这本书，虽然字数不是太多，可是在这本书里，却包含了很多重要的启示，给人以力量。因此它也曾经在军队中被广泛地传阅。到目前为止，这本书已经被翻译成很多国家的文字。

　　我相信，这本书对于你来说也一定有很大的意义。每一次提起这本书，我总是会想到书中那个了不起的人——罗文。

　　这本书，记载了这样的一个故事：

　　在美西战争爆发的时候，联邦政府总统，必须要立即和古巴革命的领导者加西亚取得联系。可是呢，加西亚却藏身在古巴山区的某一个要塞里，没有人知道他的确切的地点。当然，用邮件或者是电报的方法传达消息也是不可取的办法。可是总统现在却要得到他的帮助，而且是十万火急。

　　在这样的一个紧急情况下，有什么好办法呢？有一个人这样告诉总统："如果还有一个人可以找到加西亚的话，那绝对只有罗文！"

　　于是，罗文被召到总统身边来了。总统交给他一封信，一封给加西亚的信。这个名叫"罗文"的人，接过了那封信，用纸袋封好，然后，塞进上衣左口袋的里侧装好。从头到尾，他都没说一句话。四天后，罗文趁着夜色，乘着小船抵达了古巴海岸，然后就消失在丛林里。他徒步穿过敌国人占领区，成功地将那封信送到了，三个星期后，他又在另一端的海岸出现。

这个故事，我也没必要再多说了，我想强调的是，当总统把那封信交给罗文时，罗文默默地接受了它，他完全没有问一句"他在哪儿？"这类话。

我希望，你应该向优秀的榜样学习，就像罗文那样的人，这种人具有坚忍不拔的毅力，为了目标，可以克服一切困难，勇敢地一直向前。因为，只有这样的人才能成功，才能成为被人尊敬的人。我们应该为罗文铸造成铜像，把他放在每一所大学里，让他成为学生们的榜样。对于一个年轻人来说，他需要的，不仅仅是必备的课本知识，还必须要有勇往直前的精神和责任感，只有这样，才能像罗文一样，迅速地行动起来，并圆满地完成任务，才可以把给加西亚的信送达。

只要你拥有最基本的想象力，你就可以清楚地描绘出自己的将来，并且满怀希望地去憧憬它。一旦一个美丽而又充满希望的未来，被你当作"认真"的主要目标，然后像罗文那样，为了它不断地去奋斗，不懈地去努力，那么，结果就是你的愿望会如你所愿。

在现实生活中，大部分的人都是粗心、愚昧、自由散漫的，如果不采取强迫的方式，或者靠利益收买，他们才不会为你做事。或者，是你的运气够好，老天爷眷顾你，给你恩赐一个天使般的助手，否则，谁都很难有成功的希望。

如果一个人想要完成一件大事又需要很多的人手，那他一定会惊讶于人类怎么尽是无能之辈，因为，他的人手做起事来总也做不到一心一意，既没有完成大事的能力也没有干大事的希望。可是，我觉得你一定不会是这样的人，我相信，生活和工作一定会把你磨炼得更加优秀。

为此，你可以去试试看，你到你的办公室去，试着叫几位员工过来，然后随便指着其中一个，对他说："麻烦你去查一下百科全书，给我一份关于科尔顿的简单介绍好吗？"

你觉得那名员工一定会回答："好的。"然后便马上开始行动起来，是吗？我想，他一定不会这样做！他一定会露出满脸的惊讶，然后问你一大堆类似如下的问题：

科尔顿是哪一位？
您指的是哪一种百科全书？
百科全书放在哪里？
这种事可以叫查理去做吗？
他是哪个年代的人？
这件事你很急吗？
我找到那本书后，您自己看行不行？
您想知道他的什么情况？

当你回答了他的这些问题之后，那个员工很有可能会去请教其他的员工，或者让别人帮他找一下有关科尔顿的资料。或者，他干脆会回来告诉你，没找到科尔顿。也许，我的估计会是错的，不过，依照我的经验来说，我相信我是不会错的。

如果你聪明一点的话，你会专门告诉那个员工，科尔顿的第一个字母是 K 不是 C，如果真是这样的话，你还不如直接对他这么说："算了，我自己来找吧！"因为这样经常可以见到的是缺少自主、愚昧和软弱的性格的人，所以真正的"罗文"，一直都没有出现。一个自私的人，你能指望他为了所有员工的利益而付出更多的努力吗？

也许，你需要一个十分有力的助手，他可以替你执行更加严厉的工作，因为经常要在周末加班一直到晚上。你那位或许是类似于副董事长的助手，他手上的木棍不仅仅能够驱除夜晚的魔鬼，还可以让员工们老老实实地加班。如果想登一篇广告征求打字员，我相信十个应征者里面，可能有八九个都不知道该怎么分段，甚至还不会打句号，可能，他还根本不觉得这有什么重要的。

有一位工厂厂长曾对我说："你的那一位出纳啊……"

"他怎么了？"

"他是挺能干的，平时他一般都不离开公司，可是仅仅走向工厂的途中，他就夫了四家咖啡馆问路，他只注意怎么找到街名，却忘记他究竟是来干什么的。"

这样的人，你可以要他做什么呢？

为了让散漫的人或者是不负责任的员工能专心工作，当老板的一定要以身作则，一直到死都要默默奋斗。为了能得到一个有能力的助手，他一定要一直坚持忍耐到弯腰驼背，关于这样的老板，我真是无话可说的。不管是哪家公司，或者是哪家工厂，淘汰掉那些没有用的员工，这都是经常会发生的事，老板必须要不断地淘汰掉那些没有才干的员工，然后再重新招进新员工。我曾听到有人用伤感的心声感叹说，这是"被虐待、被剥削的劳工"，或者是"没有依靠的人啊！找份正经的工作干干吧"。这些抱怨的话，全都是针对老板而发的。

在经济还算不错的时候，这种取舍一定会这样一直持续下去，但在经济不景气的时候呢，这样的事反而是应该做得更加的果断强硬。无能的人只能让他离开，这就是所谓的适者生存。因为每一个老板都希望把最卓越的人才留下，让他去"给加西亚送信"。

一个人，如果对自己所需求的东西，能够有意识地作出反应的话，当环境暗示、自我暗示或者是自动暗示，能够让他发出下意识的心理力量时，内在的驱动力就会促使他采取行动，从而积极地去面对工作。

有一种人，虽然他的资质非常好，可是他却不会替自己创造事业，而且，他也不愿意去帮助其他的人，这种人往往是很自私的人。他总是喜欢毫无来由地猜疑别人，他总以为老板要对他施加压力，或者是正要施加。

他不但不会下命令，也不会接受命令，如果你拜托他"送信给加西亚"，他可能还会这样说："你自己去吧！"

这种人如果到街上去找新工作，他去了一家又一家公司求职，却总被拒绝。知道他特点的人，肯定不会雇用他，因为，他总是会煽动其他员工的不满情绪。而且啊，他还很不讲道理，如果你想让他对你留下印象，你除了用高跟马靴狠狠踢他一脚外，再也没有其他的办法了。

像这种性格十分奇怪的人，是很不合群的，那我们应该同情他们吗？我们是不是更应该同情那些为了把事业经营得更大而努力、到了下班时间却还没休息的人？何况，他们还要领导一群什么也不会做、什么也不想做、更不会知恩图报的员工。如果没有他们，这些员工就会饿肚子，就会变得无家可归了！

成功可不是偶然得来的，我最欣赏的是那些积极向上的人。也许，你会觉得我这样说是不是太过分了，可是，这都是事实！面对贫民化的人群，我只想表达我对成功者的同情。这些勇敢地挑起没有希望的生活重担的人，督促他们每个人都要努力。即使取得了胜利，他们得到的也不过是衣服和房子而已。

像我就每天都带着便当上班，做我该做的事情。我认为，只有努力创造财富，才是最光荣、最有意义的事情。贫穷并没有任何可以称赞之处，穿着破破烂烂的衣服更不值得被称赞，而且，所有贫困的人，并不能都说是有操行的；所有老板，也不一定全都是势利的。贫穷，不但让我们不能满足生活需要，不能帮助我们的亲朋好友脱离苦难，还让我们无法同情其他人。

所以，我很欣赏那些即使上司不在的时候，仍然能努力工作的人。像这样的人，如果把任务交给他，他会默默接受，而不会问一些愚蠢的问题。这种人，不仅不会被解雇，反而会有更好的发展。同时，也不会乘机要求加工资，正是这种人创造了文明。

这种人的愿望，别人一般都会接受，不管是在都市还是乡村，他都属于被别人所需要的人。同时,不论是哪家公司、商店或是工厂,世界上每天都有人在寻找这样的人。我希望你能发挥你自己的能力,争取成为人上人,成为一个被需要的人。

你的父亲
约翰·皮尔庞特·摩根

第三封信 人性观察者的素质

亲爱的小约翰：

　　就在不久之前，我们曾经有过一段十分有趣的对话，直到现在，我想起来还是感到意犹未尽。现在，我还想和你再探讨一下这个问题。在上个星期，我们在纽约参加丹尼尔的晚餐之前，也曾经有过一段特别有趣的对话。其中，你对企业家的各种疑问我觉得都是挺有道理的，可是呢，我却很难给出一个令你满意的回答。现在，我只想告诉你我的一个企业家朋友的故事：

　　说到我跟他的认识，那可是我在辞掉普莱斯·瓦特豪斯会计师的好多年前的事。那个时候，我还是因为妻子的介绍，才认识了约翰·伯特先生。那个时候，他50岁，可我呢，才28岁。在我还没有认识他之前，我就曾经在几次社交场合中，被他的个人魅力深深折服，因为啊，他拥有一个企业家的头脑。

　　有的人，只是在需要钱的时候才会去工作，约翰·伯特就是这样的人。可是，他却拥有十分丰富的知识和智慧，他会用他全部的智力，去开发一个新的产品，同时，他也会想出一个非常新颖的广告以宣传这个新产品。在我和他认识的时候，恰恰就是他人生某个暂时引退的阶段，那个时候，他手上并没有太多钱。

　　如果想见识一下企业家另外一个不大为人所知的面貌的时候，并不能仅仅只是看到他的结果，更是要用一个行销的眼光去观察他。所以，在我认识他的时候，我就会抓住一切可以有的机会去问他下一次出击的时间，并且询问我是不是可以参与进来，而且也得到了他的同意。可能因为他确实很喜欢我那茶褐色的眼睛和讨人喜欢的笑脸吧！否则的话，我实在没办法找出他为什么会接受我这样一个没经验的年轻人的理由。因为当时，围绕在他身边还有很多既聪明又很能干的年轻人，可能是他觉得我更适合于他吧，所以他才选择了我。

约翰就是这样的一个人，他对什么事情都不会轻易地忽略过去，什么事情他都会看在眼里。第一次，我就见识到了他那罕见的洞察力，那是在某个清晨，我和他坐在蒙特利尔的一个繁华区里的一家餐厅。正是在吃早餐的时候，透过窗玻璃，可以看到窗外的匆匆走过的人，他们都是在赶着去上班，有的迈着大步，走得很快，有的人，则挤在小小的公车里。约翰是一个很善于观察的人，当他看到那些匆忙的上班族时，便这样对我说："人们总是为工作而忙碌，但等工资发到了手上时，又开始到处找地方去花掉钱。如果我们能够给他们提供更加舒适的服务，或者是把改良后的商品卖给他们，我想我们一定可以做出一番更大的事业。换句话说，我们必须找到金钱的另外的一种用途。"他说的这些话，对我此后产生了很大的影响。事业的成功之门，是为那些努力地去给人们提供更好的商品以及更满意的服务的人打开的，哪怕它只是一件小东西，那也没关系。

正是因为这样，我才正式地进入了一个"制造财富"的世界——企业界。几年之后，约翰去世了，这时我不但锻炼得更加成熟，并且我也具备了一个企业家所应有的基本条件。我和他一起开创的企业，在他过世后便由他的继承人继承了下来。而那个时候的我，完全有能力将这家企业买下来，并且让它继续发展下去。我承认我并不是一个反应十分敏捷的人，即使在同龄的企业家中，我也并不是很出类拔萃。可是，正是通过约翰那独特的启发，以及我自己一直坚持不懈的努力，我才能够拥有后来的一份小小的企业。

为了能得到一名合格的会计师执照，我曾经努力了整整十年，可是在执照得到之后，我却突然放弃了这个很有前途的资历，反而投入在当时年收入仅仅只有14万美元的约翰·伯特公司。那个时候，很多人都对我的这个决定感到实在是无法理解，这些情况直到现在我仍然是记忆犹新。特别是在那个时候，有几家很大且发展前景很好的公司，都竞相要聘请我到他们的公司去担任会计审查的工作，可是我却把所有的邀请都拒绝了，这在他们看来，这举动只能用疯狂这两个字来形容。可是现在，伯特公司的年营业额已经达到了2500万美元。从这里，你可以看出我当年的选择是完全正确的。

你知道吗，"企业家"这个名称看起来很简单，其实它包含着"企图完成什么"的深刻的含义，这是由法文的"enrteprendre"所演变而来的。在《牛津词典》中，是这样给他下的定义："劳动阶层和基本阶层的中介者"。所以，要成为一个真正的企业家，从另外一个角度来看，那就是意味着，要不断地努力去创造。

一个企业家，必须要具备丰富的想象力。不管是什么事，他都应该能够去找出答案来，在他的字典中，是找不到不能解决的问题，也没有不能实现的事业。他思考的结果，往往是出人意料的，即使面对的是同一件事，他也可能会用一个与众不同的方法去完成。这样一种本性，是不会落后的，在企业界是没有标准答案的，而这就是成功的主要原因。

要勇敢地去面对任何一个新事物。作为一名企业家，要勇于去做新的尝试和创新，对于失败，在心里他没什么好害怕的。如果干什么事，一开始只想到可能会失败，或者是只想到我必须要如何成功，却没有用正确的思想去面对，这些做法都是不对的。在我们这个世界上，比我们伟大的人，多得数也数不清。相反，如果我们总是害怕自己比不上别人，而不敢去和别人竞争、去面对失败，那么，这个世界还会是这么丰富多彩吗？

企业家，应该也是一个伟大的人性观察者。你得时刻注意观察和发现新的事物。你想想，快餐连锁业为什么那样成功？他们只不过是把小小的汉堡商品化了而已！而百货连锁业，又为什么会如此成功呢？他们是不是也是把一个小小的杂货店的经营范围，更加扩大了吗？

平时，你应该多动动脑袋，并时常去参考借鉴一下其他人的想法。很多企业家所用的策略，其实有很多并不是他自己本人的想法。在这个世界上，聪明的人真是太多了，拥有绝妙主意的人，更是数不胜数，可是能将其商业化的人，却真的是少之又少了。因此，一个企业家一定要具备着这样的能力：他应该在很短的时间内，就能够将思想上的萌芽，发展到向消费者推广。他们为什么能做得这么快呢？那是因为企业家喜欢自我创业。

对一个优秀的企业家来说，其实行销委员会、商业幕僚、顾问团，这些纯理论者都没有存在下去的必要。当然，像洛克菲勒那样，能将一个面临倒闭的石油公司重振旗鼓，这种超级的经营者是另一回事。在一个大公司里面，肯定是有很多的企业家，可是，还有更多的企业家，他们是不被大家知晓的，他们仅仅只是默默无闻地为自己手头的工作而努力着，也就是说，他们是为他们自己的事业而默默地奋斗、不断地努力着。

还有更多的人，他们虽然拥有一些很特殊的点子，可是却没有办法使这些其实很不错的点子，成为他们赚钱的工具。这里，有一个我经常讲给别人听的故事，这也是一个很耐人寻味的故事，现在我就讲给你听，相信你肯定也会很感兴趣的：

有一个老人，他在纽约的郊区开了一家热狗店，生意非常好。这个热狗店的名声传得很远，老人就在店门外竖立了"全国第一热狗"的广告牌，在几里外都能让别人看到，因此来往的车辆都注意到了，于是人们就都到这里来了，他们都想尝尝这个被称为"全国第一"的热狗是啥滋味。每当顾客到这店门口的时候，这个老人都会站在门口迎接，他用带着微笑的脸庞，热情地招呼他们，并且说上一句"别说只要一个，试试两个吧！这热狗可是非常美味的！"这时，往往让顾客食欲大动，从而同意老人提出的建议。

当满脸笑容的服务生端上新鲜出炉的金黄色的面包时，如果再加上香脆可口的泡菜，风味绝佳味道奇妙的芥末，以及煮得恰到好处的洋葱，顾客们往往都会情不自禁地舔着嘴巴说："我从来不知道，居然有这么好吃的热狗！"当顾客离开时，老人又会把他们送到车前，热情地对他们挥手致意："欢迎下次光临哦，我的热狗可不能少了你们的支持，店里服务的年轻人，也在赚他们的大学学费呢。"由于有了这些亲切的服务，顾客当然会频频光临，并且还介绍其他人从远方赶到这里来吃热狗。

老人有一个儿子，在哈佛大学学习管理学。一天，儿子成为了经济学博士后回来看望父亲。当儿子看到了父亲的经营方式后，不以为然地向父亲提出自己的看法："父亲，可不能这样做啊。现在是经济衰退时期，您难道看不出来吗？现在我们首先要做的，就是尽一切可能地减少我们的成本。广告牌应该撤下来。这样一来，不是减少了宣传的费用吗？再然后，我们只需雇两个人就可以了，这样，就可以一下子减少4个人的工资开销。另外，您也没有必要站在门口，这样做实在是太浪费时间。我看啊，您应该把主要的精力放在后厨调配作料。然后呢，你只要供应商送来便宜的面包和热狗就可以了，至于泡菜之类呢，也不必要用这么好的原料调配了，还有什么洋葱啊，这些其实都是可以不要的。您懂得吗？要度过眼前这段不景气的时期，尽量削减一些费用是更重要的事情。"

这位父亲很感谢儿子的建议，毕竟，一个学历这么高的儿子，并不是人人都能够拥有的，所以，这位父亲想也没想儿子的意见到底是对还是错。广告牌被撤了下来，老人也一直老老实实地待在厨房里配制调料，门外也只留下一个服务生在外面招呼客人。

几个月后，儿子再次回来了，他问父亲现在的生意怎么样了。父亲看了看现在空荡荡而从前停满了车的前院，再看看马路上疾驰过去的车辆和空空的店面，无奈地叹息着对儿子说："你说得真对，现在的经济啊，确实是不景气了！"

通过这个故事，不知道你领悟到了什么。我相信，你一定会想到：这个老人本来就是个企业家，可是呢，他的才能却有个界限。

信念，是成功的基石。作为一个企业家，一定要有坚定的信念。因为，无论是伟人，或者是平凡的人，都会有积极的一面和消极的一面。作为一个成功的企业家，不仅要克服自卑，还要能超越自卑，更重要的是，要有坚定的信念，可以很合理地调节好自己的心理承受能力，特别是在压力之下，能够把事情做好。

在实践中，这位父亲已很了解客户想要些什么，也具备企业家基本的素质，可是，他唯一缺少的，就是坚持自己信念的那种勇气。如果啊，你能坚持自己的信念，我相信，那是任谁也没办法动摇你的事业的。一个企业家，一定要具有认真追求成功的执着的信念和坚持下去的性格才行。否则，就会像那位老人一样，因为没有自信，所以就失败了。

同时，企业家的直觉也很重要。一个企业家在决定某个方案的时候，如果没有依据，那么，就只能靠着自身的直觉了。但是，这种直觉，一般来说，只限定于一个专门的领域，比如说，有了什么样的包装才可以吸引住消费者的心。广告媒体、行销的路线等，这些都是可以依靠自己的直觉来判断的。

可是，企业家是一定不应该忘记广告回函和直销策略等实际效果的，因为用这个方法，可是造就了不知多少个百万富翁。比如，石油巨人洛克菲勒，他在销售商品的时候，作为一个企业的决策者，也是离不开行销部门的支援的，如果像其他那些处于休眠状态的公司，用消极地、被动地等待客户自己找上门的态度，是绝对不行的，只有用一种别出心裁的方法去进军市场，才能确保计划的成功。

在试销期间，企业家通常都会亲自出面去市场试销，看看自己的新产品或者服务，会带给顾客什么样的反应，不管是肯定，或者是否定，他都希望可以进行直接的指导，甚至还会要人把顾客的反映记录下来，以方便接下来做个彻底的研究。这很类似于体育比赛时的录像，只有这样边听边看，才能得到真正的进步。企业家的观察力相对来说肯定是很敏锐的，可是他也没办法学习到所有的知识，只有知道了客户的反映，这才是真正的重要的事情。如果一旦碰到否定就采取躲避的办法，这是一件非常愚蠢的事情，而且，这些经验，也都是企业家通过多年的辛苦和失败的教训中学来的，虽然企业家一定要有坚强的意志，但是，也必须有个具有弹性的灵活的商业头脑。这些组合，是一个成功的企业家绝对不能够缺少的素质。

企业家还必须具备衡量自我危险的特殊能力。冒险是每一个成功的企业家都必须具备的精神，那是因为，他们的本能告诉他们，很多的生意都有不可避免的高度风险性的。实际上，很多人都不是很了解，无论你怎样精密地设计，都有可能遭遇到失败。可是作为一个企业家，却应该无视这样的危险，继续不懈地进行他的探索和实验。企业家的生活大部分是兴奋、紧张和充满竞争，只有等到克服那些无法预计到的困难之后，他才能花上几分钟的时间去感受胜利，然后，就又要投入到另外一个全新的项目上去。

企业家在分析一个新计划会有什么危险性时，通常会表现出超人的智力。他总能发现在什么部位容易产生什么问题，并且将全部的力量集中在这个问题上来，这时，如果有合适的人或者是公司可以对他伸出有效的援助之手，他一定会排除所有难题，从而将危险降到最低的限度。如果，他在实施计划的过程中被瓶颈卡住了，一下子找不到解决的好办法，他也会提出一个新的取代的方法来解决这些麻烦，这些都应该是毫无疑问的。

成功的企业家是在不停地做可执行的计划，"不为已经打翻的牛奶哭泣"，总是会有更多的地方需要他去奋斗、去尝试。他为事情的发展计划了多种多样的可能，或者是事先设想好更多的计划。一旦这个计划失败，马上就可以执行另外一个方案，这样才能保证计划不至于有空漏，也可以保证资金的运行安全。他会极力避免倒闭或者破产，甚至是上法庭这样的情形发生。他绝对不允许自己再次回到从前粗茶淡饭、每天都为了担忧一日三餐那样的日子，所以，一定要事事小心谨慎，处处提醒着自己。

亚里士多德曾说过："失败的路很多，而成功的路只有一条。"企业家应该如何去实现他们的理想呢？他们可以很清晰地判断出来，某个计划应该投入多少的资金，如果，这份资金已经超过了自身可以负担的能力，那么这个计划的成功率也不会大，他们大多只能在以下三种方法中进行三选一：一、要求大家都来投资；二、筹措一些资金，甚至需要运用专门技术知识；三、如果有人响应，他会干脆把这个计划卖给别人。但如果还是没有人响应的话，他就只有直接放弃这个计划。所以，成功的企业家一定要具有很强的决策判断的能力。

可是，并不是所有企业家都能如愿以偿获得成功，有些企业家的典型的特质，也会给企业的发展带来不确定或者是不利的因素。如：有些企业家过于的急于求成，快速进行着海量的设计。但是，中国有句古话叫作：欲速则不达。有时候，行动太过急躁，反倒会导致服务或者商品的品质有所差失，或者是疏忽了商标的确立，从而触犯了政府的法令，导致了失败。还有些人，由于没有充分的资金作保证，所以银行也不愿贷款给他们，更没有朋友愿意支持他，这样一来，他很难再重获成功。

成功的企业家，和成功的实业家之间的差别是很难区别的。虽然，两者似乎很相同，但是，企业家的性格，有显著的激进、冒险和大胆的各种特性，而且，他们一般不会固执于过去的经营方式。然而，两者都必须要了解顾客的要求和市场的需求。他们需要经常接触市场，作出正确的评估，那么取得胜利就不是困难的事了。

冒险，可以满足企业家的自尊心，可是，如果违反了时代的潮流，便有可能会碰到危险。一位被称为真正企业家的人，一定不会因为一时遭遇到了某些困难，就去埋怨周遭的状况，他对于过去的失败，也很容易忘记，继续去满足他新的冒险欲望。成功了，也不过是得意几分钟，失败了，却只是短暂的哀叹，这才是一个真正的企业家最让人觉得可爱的地方。

企业家的个性也很重要。工作上、生活上，一些企业家总是走自己的路，做自己爱做的事情，比如，我最尊敬的企业家克劳多·霍布金斯曾面对他自己孤独的癖好，精辟地说出这样的话：

比资金、事业更重大的突发的紧急事件，我都经历过。而每当这些事发生时，往往只有我一个人去面对这严重的事态。这时，我必须给自己作个决定，而这个决定，总是被大家否定。在这之前，我曾做过各种各样的尝试，可是，我的朋友都在嘲笑我，指责我。对于我的不管是幸福、金钱、满足感，甚至是很大的胜利，几乎都是在全世界的冷嘲热讽下获得的。我为了这个现象，曾经尝试着去寻找另一个合理的解释。我发现，被别人总说好的人，往往并不都是成功者，因为，一个真正达到了目标的人，真正得到了幸福的人，抑或是真正拥有满足的人，在这个社会中，是极少出现的。由此看来，关于自己一生的问题，真的要交给社会群众去决定吗？

克劳多·霍布金斯在一生中，有好几次伟大的行动，都是在许多朋友的反对声中完成的。诗人威尔吉鲁斯曾经说过："命运只会帮助勇敢的人。"每个人都想拥有财富和勇气，这之中，财富可以随意使用，可是勇气却不可以，因为英雄般的投资者，往往会得到破产的下场。所以，谨慎地利用自己的才能吧！

还记得这首诗吗？这首诗，充满了企业家该具有的勇气，我在好几年前就收藏了这首诗：

> 每个人都在埋头奋斗
> 可是我更仰望天空
> 在那里有我的希望和梦想
> 目标看似遥不可及
> 可是我相信
> 总有一天我会抵达梦的彼岸
>
> 我为我的目标努力和思考
> 并且积极地行动
> 不管多寒冷的冬天
> 也没办法阻挠梅花的盛开
>
> 因为我坚信
> 人生是要面临众多困难的
> 我会一个个解决

富过三代的秘密

> 再大的艰难
> 我也不能有一丝退缩和颓废
> 我要创造不可能的奇迹
> 我要超越我伟大的前辈
>
> 在思想的国度我是很高大的
> 可是 我依然会踏踏实实地行走

感觉很熟悉吧？可能你早就不记得了，这首诗是你读中学时写的。12岁的你，已经具有了独立的精神、乐观的个性，以及有弹性的思想，即使被人打倒在地，你也一定会勇敢地站起来，再次战斗。对此，我感到十分欣慰。

你的父亲
约翰·皮尔庞特·摩根

第四封信　诚实，成功的一道曙光

亲爱的小约翰：

　　困难不应该成为你走向成功道路的阻碍，而应该是成为推动你前进的动力。从你的报告中我已看得出来，你这次和客户的合作失败了。对此，我感到十分遗憾，同时，我也了解你对这次合作曾经抱着多么大的期待，并做了很大的努力。但是，花费了那么多的精力却没有得到期待中的成功，这的确是件令人沮丧的事。或许，你会因为这次失败而怨恨对方。但是如果你抱着这样的想法，不但对于今后的发展毫无用处，反而会因为有这种想法而使自己蒙受更大的损失。因为这样的想法会使你由于烦恼而导致情绪低迷。所以，你千万不能因此而使自己陷于消沉，甚至丧失掉你一贯所有的对事业的乐观态度和热忱的精神。

　　失败是令人沮丧的事，但它并不意味着你从此就不幸。因为在这个现实社会中，只有经过了不断的磨炼，你才会明白，在这个世界上，能够完全值得你信赖的人其实是非常少的。所以你在面对其他人的时候，首先在心中要有戒备的思想准备。如果要取得别人对你的信任，你就必须运用你所学到的各种知识，这些知识便是你成功的保证，它可以通过各种各样的形式表现出来。

　　刚开始和陌生人打交道，要先尽可能地多了解对方，了解到他有什么背景。因为一般人往往是按照自己一向的习惯来指导行动的。不按游戏规则办事的人，一定会经常欺骗对手，或者曾经伤害过很多人的感情。因此，那些曾经遭到他伤害的人，在感情上、在心中总是会多多少少留下一些想要报复他的心思，而且这种想法会一直滞留在他的记忆之中。面对这样的客户，你必须花费不少的时间调查了解才行。

另外，你还必须更多地通过你个人的知识，来努力地进行良好的售后服务。因为，站在客户的立场来讲，公司对他们的影响并不会很明显，他们与公司的交往，并不是与公司进行直接的面对面商谈，而是在和你个人来往。如果你能保证做好售后服务，客户便对你有了信赖，这样他们对公司才会有信任感，他们也才会相信你们的合作有可能顺利地进行下去。可以这么认为：优秀的员工、良好的设备、有效的经营管理才是引起对方注意的一种方法。

在将来的工作中，你必须把那些你曾经有过的经历当作经验。即使你用几十年的时间来弥补这次失败的合作。用清醒的眼光来调查失败背后的原因，你就会发现一个或两个——也许有更多——的相同的情况。因此当同样的事情再次发生时，你就可以用不同的态度、不同的方法恰如其分地处理好它。一个聪明的人，他会从失败中取得应有的教训，这种喜悦将会比胜利的喜悦大得多。

你要知道，这次合作虽然失败了，但它并不会影响到你的品格，同时也并没有影响到你的个人或者公司的信用，当然，如果真的发生了这种情形，你必然会因此而十分难过，而我也会因这次失败对你进行相应的惩罚，这点相信你一定会理解的。

你具有诚实的人格，而这恰恰是对方所欠缺的。像这种人能在企业界长期存在下去，这是我想不明白的事。企业界是个相当狭窄的世界，这种人今天欺骗了这个人，明天再欺骗那个人，我认为他的企业生命力一定不会维持太久。另一方面，一个人如果没有诚实的行为，他的后果肯定不会很好。所以你不要去考虑他的人格，你要考虑的是你自己的品格，这一点是非常重要的。

诚实的人一定会得到诚实的回报，这样的结果也许你现在还一时看不到，但最后你会因为树立起来好的品格而获得相应的价值，这实在是一件无法计算的价值。

一个诚实的人会同时具有高度道德精神的生活态度，一般来说，这种人在平常的生活中会表现出十分认真、正直和坦率的态度。对企业界而言，这种品质将是你使企业永远保持不败的顽强的生命力。如果一个人不是抱着诚实的态度履行与客户之间的合作约定，也许在短时间内能获得一定的利益，但是从长远来看，那只会自掘坟墓，是自己给自己创造失败的基础，这种人不可能最终成功。如果想获得最后的胜利，一定要想尽一切办法避免这样的情形发生。

不管怎样，你绝对不能给对方留下一个不诚实的印象。就拿这次与客户的合作来说，你确实是被人欺骗了，在你感到愤怒并且想报复对方的同时，也许你也想用其人之道还施其身的办法来欺骗他们吧？这的确是人之常情，我并不会因此责怪你会产生这种想法。对于自尊心很强的人来说，用相同的遭遇来报复对方，或许可以得到补偿。但如果你真的这样做了的话，你的损失将会是更大！

其实，在这之前，你并没有造成具体的损失，因为你们的合作根本就没有成立。如果你只是为了没有成立的合作而生气，甚至采取不冷静的报复手段，那你的损失不就是更多了吗？对于这件事，可能你认为自己是失败者，可是，我要告诉你的是，所谓的"失败"与"暂时的挫折"是不可同日而语的。在人们心中被看成"失败"的事情，事实上只不过是暂时性的挫折而已。这种暂时性的挫折，将会使我们重新振作起来并转而投向另外的方向——比以前更加美好的方向前进——所以，我们可以看成是另一种幸福。

面对无论是暂时性的挫折还是长期的困境，你都要把它当作是一种取得经验的过程，是一种教训——一种持久性的教训。这种教训并不是轻易可以得到的，这是除了挫折以外没有其他方法可以获得的。

有了这些经验的教训后，你对以后合作的客户的人品，一定会加倍的注意。这不正是你这次失败所获得的最好报酬吗？换个角度看问题，如果这个合作成立了，你可能会有更大的问题发生。所以，与这样的人的合作失败，与这种品格低下的人不再有任何来往，不是件很好的事情吗？

你的父亲
约翰·皮尔庞特·摩根

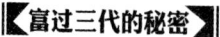

第五封信　阅读，丰富你的人生

亲爱的小约翰：

读书的目的在于学习，你得从别人的错误中学习，因为，你没有时间去体会所有的过失。通过从别人的经验中学习，而又要善于运用他人的长处。同时，在处理各种各样的事情时，有经验的人给你的意见，也要更多地吸取。

世界是时时刻刻都处在前进和发展中的，可是，关于企业经营的各种决定，也几乎总是在不断地重复着，所以，从书本上就可以学习。如果你能够花费一些时间和精力去读书，跟那些不爱读书的同辈比较起来，你所处的起点就可以比别人更高。

每天，我们好像都在接触各种各样的新的东西，可是，其实其中有很多内容都是在不断地被重复着。我刚才提到过，在这个世界上，新的东西并不算多，我一直认为，人的一生中，有很大部分都在做着这样的重复，有一本书特别能说明这一点，即《巴德雷特的常用引句集》。这本出自《圣经》中有关人生考察的书，搜罗了古今中外的所有有意义的想法。在千千万万的名言里，中国的孔子在公元前500年就说过这样的话："不要和比自己差的人交朋友。"你一定也听到过。希腊的伊索曾经在公元前550年也说过："比无知者更可悲的人，是不知道自己无知的人。"巴德雷特的这种手记一直流传到现在，经过好几个世纪，传达给我们的是先圣先知的思想和看法。我们都生活在历史的某一点上，各人都在按照自己的意志或方式在生活着,包括那些名人也不例外。如果能知道这些思想家曾有过的想法和苦恼,那么我们的问题就会变得微不足道了。至少,借助经验者的观察,我们的问题解决起来会变得容易。

一个人的一生里,从读书对人的影响来说,可以说是好像活了几十次。这可不是我自以为优越,而是我认为自己能更有效地利用时间。这件事真正的意义在于,我们生活在这么闭塞的小社会里,期望不要太高,也不要抛弃希望,要认真地体验外面的世界,凭借书本可以让自己更智慧,所以,为那些和阅读无缘的人感到难过吧!对于人生,你能懂得多少?又有多少人糊里湖涂地逝去?

多读书虽然是件好事,但是,读书也要有选择性。有的人看的书很多很多,可是,他看的几乎全都是小说,只看小说很明显对人的帮助并不是很大。虽然,小说可以在闲暇时间把它作为一种消遣来读,但问题是,我们并没有太多闲暇的时间来读小说。有的人说看小说比较轻松,当然这么说的人纯粹是为了消遣。而另外却有很多人把读书看成是一件工作。但不同的是,我在阅读一些有用的书籍和专业书的时候,像读小说一样感觉到十分轻松。在这个世界上,我们该学的事有很多,但我同样认为,比看小说更有意义的事也有很多,把自己宝贵的时间浪费在欣赏别人的白日梦上,这是我最不愿意的事。

约翰·罗克曾经说过:"到目前为止,人类的知识并没有超出人类的经验范围。"对此,我是很赞成这种说法的,同时,我还有别的一些看法。我认为,吸取别人的经验,可以扩大自己的视野。亚伯拉罕·林肯在希望将来能做一名总统时,有不少人批评他,说他根本就不适合做总统。可是,林肯并不因为自己经验贫乏而退缩,最终,他终于成为了一位坚强的总统。他为此付出了艰苦的努力,我认为,他的成功是理所应当的。我还知道这样一个事实:当他只有14岁的时候,图书馆里面的藏书几乎就被他全部看完了,是书本给予了林肯睿智的洞察力,让他得以面对从来没有经历过的各种世界性问题。

历史这一本故事书,是最刺激、收获最多、最让人快乐的书。它让我

富过三代的秘密

们感受到富兰克林、华盛顿等人的睿智,包括《圣经》里的故事、中国的孔子有关社会和人的思想,以及很多精彩的英雄人物克服了各种磨难历经艰难才走向成功的例子。和前人相比,我们大多数人的努力差得太远了,甚至微不足道。可是,如果你想继续我们的人生之旅走自己的路,就要先从迈出第一步开始。你通过看一本有价值的书,自然就会朝着正确的方向前进。

我们只能凭想象,一个人如果要去了解他人为了解决问题是怎么样使尽浑身解数,如果幻想实际去体验每一种过程,那几乎是不可能的,但是,这一切书本却能够办得到。书本让我们的心胸变得开阔,促使我们思考本身存在的理由,鼓励我们向往美好的生活。

要想通过读书来磨炼经营的手腕,只有博览群书才是最重要的。历史是人创造的,是以人为主题的,不仅是这样,即使是医学、投资、饮食疗法、运动等,每一本书都代表了人的思想行为。所以,从现在开始,能够多读书当然是最好的了。

如果,你想提高经营水平,读书是唯一途径,从书中寻找智慧来提高自己。关于经营方面的书籍,你可以去请教你的大学教授。他们手上有最新的消息,比如谁出了什么好书,或者谁写了精彩的论文等,他们会是你读书的最好的顾问。根据我的经验,我相信他们一定会乐于给你提供这些帮助的,你可以去试一试!

最后,圣汤玛士·阿奎那斯的名言你也得记住:"小心只看一本书的人。"我想,大概是因为这样的人思想比较狭隘吧!我也相信,你绝不会是这样的人。

你的父亲
约翰·皮尔庞特·摩根

第六封信　知己是你最大的财富

亲爱的小约翰：

在交友的问题上，有些话我不得不与你谈谈，因为，一般来说，朋友对人的影响是非常大的，甚至还关系到你的事业成就。按人的特性来说，在交朋友的过程中，如果你想和谁交朋友，那是因为他的善意吸引了你。但是，与那些没有吸引力的人交朋友，却是件最令人感觉到空虚乏味的事情，当然，随后麻烦也会接踵而来。然而，最麻烦的事情却是，有人想和你交朋友，可是你却对他一点儿兴趣都没有，但是，你却不能用不友好的态度对待他，这是不可以的。如果，那个人只是单纯地想要和你做朋友，这说明，他也许是被你某些独特的气质吸引了，所以想亲近你。在这种情况下，你一定不要责怪他的方法不够高明，其实，他只不过是想成为你亲密的朋友而已。

最真诚的友谊，是从相互之间的认识与了解中开始的。然后才有人与人之间的友谊关系的建立：第一，是夫妻关系；第二，是和子女的关系。与自己的子女和谐相处，是一件非常重要的事情。我希望，在将来，你可以处理好你和子女之间的友谊，我想，你也应该可以做到这一点；第三，是你和父母以及你的姻亲之间的友谊。我为什么说希望呢，因为，我一定要提醒你，世上很多令人痛心的悲剧的产生，往往就是在丧失了因血缘关系或者婚姻关系而产生的友谊。这种友谊本应该是最亲密而宝贵的友谊，是需要经常维系的；另外，对家人之外的友谊更需要如此。

从某种意义上来说，友谊与事业的关系最大。如果我们从某一个角度看，两者之间的关系是密不可分而且是相互影响的；可是换另外一个角度看，也许两者之间一点关系也没有。因为，友谊通常隐藏在"金钱"和"利益"的复杂关系之中。相信你在企业界里曾经遇到过各种各样的人，换句话说，属于你那个社会中具有代表性的人，你将会和他们有不可避免的接触：工厂的从业人员、客户、进货的对象、交易的对象、政府的官员，还有其他一些在工作范围以外见面的人，比如像邻居、教友、店员、俱乐部的会员、汽车修护人员，以及钓鱼时的伙伴等。这些与你交往的人简直数不清，虽然，这些人不一定都会成为你很亲密的朋友，可是，在某个程度内，大家仍还是朋友。

有人说过这样的话："一天不结交新朋友，就等于减少了一天的生命。"我觉得这话有一定的道理。产生友谊的方式有许多许多，假设我们和一个人初次见面，通过打招呼、聊天慢慢地就可以产生了友谊，从"我们哪天一起吃个午饭好吗？"这样的话语中开始互相接触。当然，如果你没有真正的诚意，请不要随意招呼你的朋友。如果你不付诸实际的行动，别人一定会觉得，你是个很肤浅的人。

交朋友是件很有趣的事，圣人在这方面具有独特的见解。中国的孔子曾经说过："无友不如己者。"这句话的意思是，应该结交道德水准和我们相近，或者是超越我们的朋友，这样才能让我们更进步。因为，经过这种有益的朋友的言行举止等方面的熏陶，将引导着我们向善、向更好的方向发展，而逐渐离人类那些自私、卑鄙、胆怯等丑恶的行为越来越远。

你仰慕、尊敬的人，如若能真诚地成为你的朋友，自然会让你自己产生充分的自信心，因为，在这个时候他也是尊敬你、喜欢你的，他认为你会是与他谈心的好对象、是知心的良友。世界上没有任何一件事，能比三五个知心好友欢聚一堂更让人感觉到快乐的事情了。

在日常的生活里，其实我们经常灵活地运用的智慧，只占了我们所有智慧的很小一部分，而大部分的潜在能力，还处在休眠状态等待着开发。只有和才华横溢的朋友互相交流，才能使我们的智慧潜力得到更多的开发，让我们的人生变得更加光辉灿烂。你也可以试着多种自我开发内在潜力，比如说，通过多读书、多交友来达到目的。

在人的一生中，如意或者失意都是不可避免的，在这些情况发生时，只有真正的朋友才能与你一起分享你的成功，与你一起分担你的痛苦。威廉·欧斯拉特有一句至理名言："青年人追求幸福的历程中，友谊的帮助是不可缺少的一环。"

对于朋友来说，按照我个人多年的观察，可以共患难的朋友并不少，可是，能共享成功的朋友，却是少之又少。所以，我认为，所谓知己，就是能够真心为你的成功而喜悦的人，并且，他们常常会这样鼓励你："好棒啊！再做一次吧！只要你有决心，一定会成功！"等。在人和人之间的交往过程中，往往要在一方成功而另一方却失败的时候才能体现出来，真正的友谊有多么的珍贵。不管是多么亲密的友谊，就算是夫妻之间，也经常因为无法忍受一方成功、另一方失败的考验而失去，更别说那些一般的泛泛之交了。

对于朋友的选择，通常是那些有着良好的性格、良好的伦理道德观念、廉耻心、幽默感、勇敢、自信的人，才成为大家争相追求并希望能与他成为知己的最佳人选，可是这种成功的友谊的机会却非常稀少。知己难寻，人的一生中，你能有四五个知己，就算幸运到极点了，即使在这五个知己中，失去了其中一两位，你依然是很幸运的。

怎样才能使友谊维持得长久而稳固呢？世上找不到这样的固定的答案，可是依我个人所见所闻，大部分的所谓知己朋友，他们都有着相似的好恶；在性格方面都具有诚实、忠诚、讲求信用、重视社会生活的基础等共同点。我觉得，真正牢固的友谊是建立在宽阔的胸襟之上的，能诚恳地依赖、分享、施与、接受，享受一方的喜怒哀乐。真正的朋友体现在互相帮助上；当朋友有烦恼时，另一方能及时地给予同情；当朋友有什么过失时，另一方能给予适当的规劝；除此之外，也能在合适的时机，给予朋友鼓励和称赞。即使是有一方喜欢古典音乐，可另一方却喜好爵士音乐，这对真正友谊的存在也不会有什么大的影响。总之，知己难求，所以，对知己更应该好好地珍惜。

　　友谊像鲜花一样，少不了雨露的滋润。为了长久地保持住良好的友谊关系，你一定要伸出你那温暖的双手，拨出你并不多余的时间，多体贴、多关心一下你的朋友。哪怕只是一个电话，一次短暂的交谈，也都能表达你对他的无限的关怀。所以，为了防止友谊变质、变坏，友谊是需要不断地培养的。总之，友谊关系是需要保养的，就像牧场的栅栏，也要时常维护它，否则，珍贵的友谊将会因为你的疏忽而丧失殆尽。

　　当然，朋友之间并不需要在观点上都一致，好朋友之间也经常会产生思想上的分歧。我和新朋友交流，讨论有关人生的一些问题，虽然总是有不一样的观点，可是，我并没有因此感到有什么不快乐的地方。所以，结交朋友时，重要因素并不是观点是不是一致，而是在于你能不能尊重对方的想法。另外，在结交新朋友的时候，你也可以和新朋友讨论并交换各自的心得，从而激发你的新思想，提高你的人生价值观，丰富你的人生。

　　在我们的一生中，一定会遇到几位能让你终生难忘的知己。在你得意的时候，你可以向他们炫耀你的成功；在你失意的时候，你也可以向他们倾诉你的烦恼；当然，在你需要他们帮助的时候，他们会及时地出现在你的身边。我希望，你能尽可能地珍惜并保持住这种友谊，虽然，你工作上已有了伙伴、家人以及自己的喜好，可是，在你落魄沮丧之时，只有朋友才能安慰你，当你在作重大决定时，也只有朋友可以鼓励你。

　　在家里，虽然我是你的父亲，可是，在工作和学习中，我希望你能够将我视为一个知己、朋友，当你得意时会向我炫耀你的成绩；当你不如意时，也会向我倾诉你的烦恼。

你的父亲
约翰·皮尔庞特·摩根

第七封信　经营好你的婚姻

亲爱的小约翰：

孩子，你最让我关心的问题之一，就是你的终身大事，所以，在这里，我不得不饶舌地多说上几句。

父亲希望你有一个美满幸福的婚姻，然而，我听说，你的朋友问起你打算什么时候结婚这样的问题时，你总是莞尔一笑。因为，每次和你约会的对象总是不一样，于是，我禁不住猜想那位幸运的新娘究竟会是谁家的少女。

我听你说"我好像也该结婚了"这类的话时，实在无法一笑置之。你并没有指出某个具体的时间或某个可行的计划，而好像是一说起来就马上要结婚了。当你说这些话时，我的心忍不住为之思索：为什么你会想要结婚呢？难道仅仅是因为你的朋友们一个个都结了婚，你也凡心大动了吗？或许，只是因为现在都流行结婚，你也要赶一赶时髦罢了？

马丁·路沙说："再没有比一桩幸福的婚姻更美好、更充满友谊与魅力的事了。"对这话你老爸也深有同感。追求爱情是你们年轻人的权利，可是，结婚，却一定要经过慎重的考虑。从某种意义来说，婚姻是一种缘分的结合，可是，决定这件事的结合力，只有在要发动时才能够发动起来，它不会自动地产生。也许我这样的话你会认为已经过时了，或者是认为我不解风情，但是，作为过来人，我仍然不得不这样告诉你：绝不能把婚姻当成儿戏那样草率地决定，否则，随之而来的惩罚将是离婚，再加上精神上的痛苦，而在大多数的时候，更将是"存款金额的锐减"。

尽管，你还没体会到做父亲对儿女的感情，可是，我一定要告诉你，夫妻之间的感情，也许会在遗憾中冷却，但是，父亲对于子女的情感却永远也不会减少，一旦离婚，一定会对自己及子女的精神上造成相当大的痛苦。

我们家族是做企业的，所以，以经商的经历来打个比方：结婚，在人的一生中，是最重大的投资。这可以从两方面来看：一、人生的重要支柱便是幸福婚姻；二、不幸的婚姻将会招致非常可怕的损失。一桩不幸的婚姻如果要解决掉，常常要牺牲半数的财富，甚至，还必须支付数年的赡养费，还有，精神上的伤害则更加严重。

我认为，现在有很多的年轻人对于结婚抱着一种十分草率的态度。我们常听人说："既然合不来，干脆离婚好了。"看着这样美好的终身大事，就如此被轻率地处理掉，着实令人感到悲哀，然后，看到离婚后所带来的无限的苦恼与麻烦，就更让人觉得痛心。

也有很多人对待婚姻，采取了非常谨慎的态度，也因此获得了幸福的婚姻生活。他们的秘诀究竟是什么呢？就是在他们的结合中，不单单包含着相互之间的尊敬体谅，还包含了一定要让婚姻生活美满的坚定决心。幸好，你在挑选未来的妻子时，显得倒是挺沉着的。因为你的性格好，人品也不错，有其父必有其子嘛！如果你能善加利用上苍赐予你的这些优点，我坚信，你必定能在结婚这件事情上，作出相当出色的投资。

至于这个投资对象应该有怎样的先决条件，可能你会征求我的意见，也可能不会，可是，最主要的，就是你自己的选择一定要慎重。如果你不能够正确地抉择的话，我可以告诉你：她一定要是温柔的、讨人喜欢的女孩。在这里，你最好仔细地观察她是不是有卑劣、嫉妒的性格，因为，这种性格必将会引发日后的轩然大波。那些喜欢说长道短、搬弄是非的女人最好不要接近。对于那些贪婪的女人，你要如逃避瘟疫一般对她敬而远之。

只有在你选择到了你喜欢的人后，你才可以与那位幸运的少女共度一生，所以，我期盼那个女孩最好是位绝代佳人。虽然说"美是肤浅的"，可是，如果你有一位内外皆美的娇妻，每天能近距离地看着她，也是人生的一大享受啊！

如果，那个女孩不但聪明，而且还知书达理、装扮不俗，能与你共风雨同患难，并能够以真正的"合伙人"的身份，和你平等地相互交换意见，那我就要劝你，赶快把她娶回家吧！

一旦婚姻投资得当，你的事业也将随之迅速地达到高峰。我实在没办法想象，还会有其他事情能有婚姻这样的威力，因为，要与一位好妻子配合步调一致所做的努力，是最能够提升自己的价值的。

我给你的其他参考条件还包括：那位女孩是不是很勤快？是不是讲卫生？她的梳妆台，是不是经常是一片狼藉？有没有幽默感？——最好有。假如，你已经找到了一位迷人、有气质、聪明伶俐的伴侣，那么，你总能占尽天下所有的便宜，至于她的某些其他方面的一些小缺点，你就不要吹毛求疵了。因为，世界上没有十全十美的人。重要的是她得具备这三项重要的条件，这样你婚后大可平安太平地过你幸福的日子了！当然，如果将来要面对无法躲避的危机时，那种互敬互爱的信念还是应该保持的，要一起去处理问题。假如，你们有了真正的爱情，并以婚姻的形式固定下来，那么，就应该一起去珍惜。

有一点我还想和你明确地谈谈，当你看到朋友的妻子时，心中是不是想过："如果我的婚姻投资对象是她该有多好？"如果，你真有过这种想法的话，我得劝你，还是少和她见面为好，免得产生一些无谓的纠纷。

理想的伴侣应当自己去寻找，然而，为了知道对方是不是很适合自己，可以作一番调查和分析，就算是在结婚的前一刻，你也要这样的扪心自问："我是不是忽略了'更好'的投资对象？"不要忘记我们经常能听到的一句话："婚前要睁大眼睛，而婚后，则要睁一只眼，闭一只眼。"

如果，你在调查中，发现了一颗钻石，千万不要忘记了"懦弱绝不能掠获美人心"这句名言。有一些小方法我要告诉你：要想让佳人点头，不但要打动她的芳心，更得动点脑筋，计划一番。为了她，你有可能会有口难开，或者是喝汤溅了一桌，或者是因走神而撞上电线杆，或者是无缘无故地茶不思、饭不想。然而，当你实在无法抑制住心中小鹿在乱撞的时候，这可是命运之神在作弄你的绝佳时机。所以，在还没有弄明白对方对自己的心意空间怎样之前，最好放松一下自己的心情，淡然地面对她吧！对于沉着稳重的男人，女人往往是难以抗拒的，特别是当一位较特别的女子出现在你的面前时，如果你不想约会，就互道再见吧。对于这件事请你谨记在心中。

　　在你选择了婚姻的对象之后，你一定要想办法做一张"资产负债表"，将家庭时间及工作时间按适当比率妥善地分配。偏向任何一方的做法，都是不健全的。特别要注意的是，不要因为蜜月旅行一结束，就将工作的比重加大，虽然我们的工作是在追求"万能"金钱的工具。如果，我在此信中所说的大部分的话你都能认真地做到，我相信，慈爱的主与无数的幸福，将会簇拥着你，陪着你走向美满的婚姻大道。

　　孩子，我们庞大的家族事业和财富，要你来继承并发展，所以，你的婚姻是不是幸福，更有另一种重要意义。你的婚姻是不是幸福，不仅仅关系到你自己，更关系到我们家族未来的前途。

你的父亲
约翰·皮尔庞特·摩根

第八封信　让压力成为动力

亲爱的小约翰：

每个人都会对自己的身体状况表现得异常的关心，但是，却又总是在健康的时候引不起对它的重视，直到疾病缠身之时才深感万分的后悔。人们总觉得拥有健康的身体是件很平常的事。所以，有很多人过度地使用自己的身体，让它过于的忙碌、过于的疲乏，甚至是让它受伤，却从来没有想到过要好好地保护它。虽然，造物主赐予我们健全的身躯，可是，我们却没有对它给予真正的重视。

有些行为会对我们的身体造成多方面的危害，在这里，我们不妨先讨论几个一般性的行为。抽烟，对身体的危害是非常之大的，如果你在一个小时之内，一共抽了两三支香烟，于是烟中的尼古丁、焦油就会跑到你的肺和血管里面去。同时，在我们生活的城市里，我们还不得不让我们的肺忍受汽车的尾气以及人工恶臭的污染。在消化系统方面，油腻的食物吃得太多，比如像汉堡、点心及大量的砂糖，这些食物虽然很美味可口，可是吃得太多了，就会让我们的身体感觉到这是一种负担，最后，身体就会承受不了。

我们承受了多余的体重，每天分解香烟、洋芋片等工作，全部都交给了以心脏为主的循环系统，并且我们的循环系统还要另外分解一打或半打的啤酒，甚至威士忌。还有很多人的生活是这样的：一到晚上，为了感到轻松，还要抽上更多的香烟。

虽然，对于大多数人来说，生活得并不像我说的那么极端。可是，烟草、酒、大麻、咖啡因等这些东西享受过度了，这其实是在慢性自杀。根据我个人观察，即使每个人并不都是如此，但是，大多数人却经常做着前面几个项目中的三四种。

但是，请你耐心地听我说下去：生活虽然会给我们造成很大的压力，可是，压力，却是自从有了人类以来就一直存在于日常生活中的重要的要素。压力，并不是一个新鲜的词汇。住在洞穴里的原始人，当他们用棍棒驱逐猛兽时，面临着巨大的生命的压力。很多人也曾经有过面临饿死的压力体验。科学家把压力当成是一种疾病来研究，并且系统地研究过压力。第一个研究压力的科学家是汉斯·西里佛斯博士，他认为，好的压力对身心机能是不可或缺的，而坏的压力，对人类的健康却是有害无益的。

在一般人所接受的现实社会里，追求健康确实是一件很不容易的事情。要保持健康的良好的生活习惯，强烈的自制力，是绝不可少的，这就要强化自己的思想意识，杜绝一些不良的生活习惯。我希望，在你年轻之时，你就能重视起这件事情来。据说，某一保险公司在探索长寿的主要原因——为调整保险费支付计划而做的调查时，对非常多的百岁老人进行过调查，发现其中有一个基本的原则：工作和游戏都要适可而止。他们十分清楚，做任何事情都不能过度。

每个人都承受着不同程度的压力，对这些压力，主要是靠自己去缓解，甚至，把压力变为动力。专门处理压力问题的心理学家，对那些想要对抗各种压力的人都能有所帮助。要是你也有这样的想法，可以试着每天坚持做几分钟的基本练习动作，让自己放松放松。

在处理问题时，要把脑力多余的部分开发出来。你一定要让自己处于一种很放松的状态，而达到这种松弛的状态，首先，你一定要把让你烦恼的杂念从脑海中摒除掉，等到头脑恢复了稳定性，再让头脑去处理问题，而且，一次只处理一个问题，也就是说，你一定要在最平静的时候来处理问题，要随时让头脑保持着冷静。因为，头脑在我们的身体中，是不怎么被运用的器官之一，而肝脏、心脏、肺所承担的工作却要大得多。在这种情形下，头脑的功能就会慢慢地逐渐丧失，只有让脑细胞不断地被使用，压力才会得到很大程度的缓解。

我们可以用松弛的方法，让我们的身体达到冷静和精力最充沛的状态。沉思、冥想、肌肉松弛、自我催眠等就是很好的方法。找到最适合自己的方法，并多加以练习，并且，可以做一种短期的训练。找到一种沉着的、有冥想的感觉，找到一种能使你的头脑保持宁静的最好方法。当这些方法被你熟练地掌握以后，不管现实中存在有多少的问题，你都可以找到正确的解决之道。

为了找到一种最适合你放松的方法，刚开始，你可能还需要专家的帮助，但过不了多久，你就会发现，这只不过是一种很纯粹的技术。我一直在想：教育界的人为什么不能把这件事看作像读书写字，看作一件必修科目？如果可以这样做，精神稳定剂、咖啡因、酒的销量一定可以大大地减少，社会也会因此变得更加稳定更加健康。

每个人精神上的选择权，可以由每个人自己选择。你想如何度过你的人生，你想如何去生活，这是完全可以由你自己决定的，你有三种选择的方法：

无视当前的精神压力。

面对压力只是叹息。

面对压力而作出适当的选择。

具体要怎么选择，这就看你自己的了。

随着你渐渐地长大，你就会明白，人生，并不是只为自己而活。班杰门·迪士利说过："国民幸福及一切力量的基础是国民的健康。"我个人也认为：健康，是一切幸福的基础，职员能在我们的事业里发挥所长，他一定要同时具有幸福和健康这两项才可以。

综合上面所讲的理由，我劝你参加关于压力的一些研究会，如果你听了我的话而采取相应的行动，说不定能防止你身体20年的消耗！麦那兹斯说过："我们在这世上得到的两种恩惠就是健康和知识。"你能像麦那兹斯那样关心自己身体的健康，或者有那种意识吗？你能拥有吗？

缓解压力还有一种简单而有效的方法，就是你把其他人的性格，特别是你认为比较理想的特点写下来，每天读上一读，去研究自己怎么能成为那种人。你所写出来的特点有幽默、忍耐、挑战性、自信、品行高雅、责任感、挺身而出的勇气、精神上的宽裕等许许多多。因为，这些特点曾经深深地吸引了我。

紧张是一种习惯，放松也是一种习惯，当然，坏习惯应该被克服，而好习惯应该去养成。怎样你才能放松呢？首先，要从思想上开始，换句话说，要从你的神经开始。可是，真正的放松应该从你的肌肉放松开始，这是我从有关的专著里面学到的。具体怎么做呢？我告诉你：首先，你要把头后靠，闭起你的眼睛，然后对自己默默地说：放松、放松，不要紧张、不要皱眉头，放松、放松……像这样不断地重复。我还想要提醒你，告诉你，缓解压力的方法像这样：使自己放松，让头脑进入空想状态，用平静的心态，一次只研究一个问题，尽量把有害的压力排除掉，从而来达到降压的目的。

最后，还有一个好办法我很喜欢，就是把自己的工作时间和数量都做一个限制，通常都会收到很好的效果。比如要钓鱼时，最好是离开喧闹的人群到宁静的湖边去。

自己过健康和自由的一天，你就会感觉到帝王的幸福也不过如此。

你的父亲
约翰·皮尔庞特·摩根

第九封信　生命，由时间累积

亲爱的小约翰：

今天，我给你的这封信想和你讨论的是时间问题。我知道，在这段时间里，你花在自己的个人问题上的时间有很多，但是却好像并没有取得什么实际的效果，对于你这样浪费时间，我感到很是惋惜。我相信，可能的是，你对于时间没有周密的计划，你的内心里本来是不想浪费时间的。

时间，是企业家成功的筹码，浪费时间就是在浪费生命。珍惜时间应该像珍惜生命一样，因为，生命是由时间累积起来的，所以，我希望你从珍惜时间开始，踏上成为企业家的路。

对于一个人、一个企业来说，好好利用时间是一件非常重要的事情，如果你不能好好计划一下一天的 24 个小时，那么，这些时间就会被无缘无故地白白地浪费掉，会跑得无踪无影，使你除了白白浪费掉时间之外就什么也不会得到。

对于一个人的事业成败，能起着决定性作用的就是怎么样合理地分配时间。有的人可能会这样以为：在这里浪费了几分钟，耗去几个小时，并没有什么关系，但是，事实可不是这样的。对于时间来说，这种差异虽然显得很是微妙，但是经过许多年后，它就能让人们察觉出来了。但是，有的时候，这种差别也是很明显的，所以，我不希望你也会有这样的想法。

时间，是紧紧地握在你手心里最可宝贵的财富，你千万不要忘记了，不珍惜时间就相当于不珍惜生命。每一个成功的企业家都有一个原则，那就是："要把"闲暇"变为"没闲"，也就是说工作和生活中的分分秒秒都要珍惜，一定不应该好逸恶劳，还得要勤勤恳恳地工作。你要认认真真地、合理地安排时间，要记住，不要平白无故在无聊的事上哪怕浪费一分钟。

所有的节约，说到底，最终都是对于时间的节约。时间有一个最大特点，就是不能挽回、不可逆转、也不可能储存。这是一种永远无法再生的、与众不同的资源。

时间相对于每一个人，每一件事情，它都是丝毫也不留情面的，你即使有再大的本事也不可能留得住它。时间，最能被肆无忌惮地挥霍掉，当然，肯定也可以被很好地利用起来。好好地利用时间，这是个效率的问题。也就是说，在单位时间里，时间的利用率越高其实就是创造的价值的高效率，你一定要记住，人的生命是由有限的时间一点一滴地累积起来的。

人的一生是那么的短暂，真正用来创造工作的时间却又是很少之又少的，如果按照80年为一辈子来计划一个人一生，那么，大约就有70万个小时了。但是，一个人能用所有精力进行工作的时间，却仅仅只有40年，大约15000个工作日，也就是36万个小时。然而，如果除开掉吃饭睡觉的时间，大概只有20万个小时的时间用在工作上。想想看，就在这些有限的时间里，如果我们能够最大限度地让时间发挥作用，是不是就可以体现出生命的有效价值了呢？所以，最大限度地增加这段有限的时间里的工作效率，其实就相当于延长了你的寿命。你这样想想，就会感到你能有多长的生命可以去浪费掉？很显然，你要想成为一名优秀的企业家，继承和发扬我们家族的事业，"效率就是生命"这个道理，你一定要牢牢地记在心中。

其实，我们有很多种可以有效地度过"空闲"时间的方式，有人利用"空闲"时间博览群书，汲取知识的营养；有人利用"空闲"时间认识新朋友；有人利用"空闲"时间做艺术创作；也有人利用"空闲"时间思考问题……

在这里，我不仅仅是要你珍惜时间，最重要的是，要告诉你应该如何去珍惜时间。具体来说，你可以从以下几个方面来驾驭时间，以提高工作的效率。

首先，要善于集中时间，而用平均率去分配时间是不可取的。因此，你应该把你的有限的时间，集中到最重要事情的处理上面来，你不能每一样工作都亲自去做，而对某些不必要由你亲自做的事甚至次要的事，你要机智而勇敢地拒绝掉。每当发生了一件事情，在刚一开始的时候你就应该想一想："这件事情值不值得由我去做？"千万不能碰到什么事情你都要亲自去插手，更不可以有这样的想法：反正我没有闲着，也没有偷懒，于是就心安理得了。

其次，是要善于把握好时间。要知道，每一个机会可能都是事情的转折点。有效地抓住时机，就可以做到牵一发而动全局，你要用最小的代价，来换取最大的成功，促使事物的转变，让事情向着好的方向发展。

假如没有好好地抓住时机，就会经常让本来已经到手的结果付诸东流，导致"一着不慎，全局皆输"的不利的后果。所以，取得成功的人，一定要擅长审时度势，抓住好时机，把握住关键，做到恰到好处，从而赢得机会。

最后，还有两类时间你要学会善于协调。

对于一个获得成功的人来说，存在着两种时间：一种是能由自己控制的时间，我把它称之为"自由时间"；另外一种，是属于对他人他事的反应的时间，不能由自己支配，我把它称之为"应对时间"。

这两种时间，都是客观存在的，都是必需的。一旦失去"自由时间"，你就会完完全全地处于被动地步。不会自己支配时间，就不是一名有效的领导者。

然而，要想绝对掌控自己的时间，实际在客观上也是做不到的。没有"应对时间"，都想变为"自由时间"，实际上，也就是侵犯了别人的时间，这是因为，每一个人的完全自由肯定会造成他人的不自由。

我还想补充说明的是：对于那些零散的时间，你要善于加以利用。虽然，时间是不可能集中的，但总是会出现许许多多的零碎的时间，要珍惜并且充分利用各种零散的时间，你要学会把零散时间用于做零碎的工作，从而最大限度地提高工作效率。另外，会议时间也要善于利用。我们召开会议，是为了沟通信息、讨论问题、安排工作、协调意见、作出决定。更好地运用会议时间，就能让工作效率提升，节省大家的时间；运用得不好，便会使工作效率降低，浪费大家的时间。

你的父亲
约翰·皮尔庞特·摩根

第十封信　寂静地倾听小鸟歌唱

亲爱的小约翰：

　　孩子，看到你近来的表现，我很是满意。因为你对于自己的工作是非常认真、努力的，在你身上，我完全看不到一般纨绔子弟所存在的那些不良习气。相反，你靠自己的努力取得了很好的成绩，因此你才被提升为销售部的部长，这对于你是个大展宏图的好机会，所以，我希望你要加倍地努力。有不少人常常因为取得了一点成绩就产生了自满的思想，我要提醒你警惕，因为，这种骄傲的思想必将导致你停滞不前。你在校读书时成绩就很好，到公司后的业绩表现也很不错，这说明了你禀赋优异，同时，你做事时的态度认真、负责，并且还具有丰富的知识以及对客观事物的见解有你的独到之处。

　　可以这样说，你唯一所缺少的，只有一项最基本的因素：经验。你在读书的时候，很喜欢尝试新鲜的事物，并且以你从平常生活中所累积下来的一些经验，用充满自信心的态度去处置事情，并且每次都能做出令人满意的结果来。现在，你将到新的工作岗位上去了，这新的工作岗位是过去你未曾经历过的，所以你必须以更谨慎、更谦虚的态度去面对它们，多汲取一些前辈的经验和教训。

　　当你自己感到经验不足的时候，应该怎样去弥补这一项欠缺呢？我想，你首先应该有自信心，即使缺乏经验，也不能阻止你发挥自己的才能，努力去实现目标。在面对发生的问题时，要先冷静地分析问题的症结究竟是出在哪里，然后再去收集资料，最后才不厌其烦地展开工作。

在对情况还不大了解的时候，做事千万不要莽撞，要先把情况弄清楚再说。这其中包括：手边的资料是不是很充分？资料是不是还有不够完整的地方？是不是还需要再补充收集更多的资料？是不是等资料都已收集齐备再拟订行动方案等。不少人就是由于没有在这方面下更多的功夫，从而陷入了失败的境地。所以你必须再明白一点：成功不是一天就可以创造出来的。你在收集资料的时候，如果能做到确实、完备，成功就在那里等待着你。不知道你是不是还记得，在你小的时候，我们一家人经常出去旅游，当我们在森林露营的时候，我第一步要做的事情，就是选定一个地势平坦、坚固的地方。否则，即使付出再大的努力，最后也终将是白费力气。

你在取得情报并确认可靠以前，要先把情报仔细地分析一番，然后再开始工作，但是，这两种方法之间可能存在着很大的差异。所以你必须先控制住马上去工作的冲动，把这种冲动先收起来，就好比我们全家外出旅行时，每个人都兴奋得希望早点儿出门，谁都没有耐心去仔细地检查旅行所应该携带的装备一样，可是我却要对照着旅游指南一一检查，以免遗忘必需的物品。这种小心并非由于我担心因大意而造成麻烦，只是因我有凡事都会小心的习惯而已。

当资料收集完成以后，你还得再仔细想想，你周围值得信赖的人，他们提供的情报是不是都很准确。比如公司内的一些高管，即或是董事长，或是其他能够与你商量的人，你都要认真对待。

当资料收集好并进行思考后，接下来就比较容易了，因为经验是走向成功的重要一步。关于这一点，你会慢慢地了解到的。有的时候，造成失败的原因，并不是资料不足，大多数的原因是由于缺乏经验，从而导致了错误的判断。我希望你能做的，就是认真地收集资料以及仔细地分析资料。前一个过程，靠的是你的耐心和细心；后一个过程，就要依赖你的实际经验了。

具体地说，要如何熟练地分析资料呢？方法其实很简单，那就是多方面去接触。这其中我必须要向你强调一点：与其凭你的直觉妄下决定，倒不如深思熟虑、按部就班。也许你嫌这样做的过程太慢，但是这样做不容易出差错。

资料收集完毕和认真分析过后，再进行实际操作。我相信，这个阶段对你来说并不困难。因为你已充分具备实际经验，这一点在你学生时代就已经崭露头角。现在，你只要按照自己的决定，认真去做就行。

有一点我要特别地提醒你，我今年虽然已经是60多岁的老人了，在企业界也摸爬滚打了数十年，但是现在我每天仍然不断在学习各种新的事物和经验。现在企业界发展得很快，推陈出新，一些以前从来没有接触的新事物更是层出不穷，所以我必须时时学习新事物、积累新的经验；我也从来不讳言自己对新的事物缺乏经验。也承认自己在这方面有些不足，其实这些不足并不会影响到你的威信，但是对公司的利益却是大有裨益的。

以你本身所具备的条件，如果再加上你的实际经验，你一定可以成为一名卓越的企业家。经验不能完全靠别人传授，当然也更不能从学校中都学习到，只有靠自己日积月累地储存。不过，无论你积累了多少经验，仍然需要不断地学习新东西，更重要的是从失败中汲取更深一层的经验，以免重蹈覆辙。

我们可以充满自信地认为，"当音色曼妙的小鸟要一展歌喉时，森林会以寂静的面貌倾听"。

你的父亲
约翰·皮尔庞特·摩根

第十一封信 "礼貌"之矛

亲爱的小约翰：

这封信我想与你探讨一下关于礼貌、关爱等问题。

讲话的艺术、礼貌是一个非常实用的学问，学习这些知识并不需要很长的时间，但它们却对于你今后的生活、事业，甚至提升都有很大的好处。然而令人遗憾的是，很多人对这个问题都不大重视。

听说你要为公司物色一位销售员，不知道你心中有没有中意的人选？我知道你对人才的要求一向十分挑剔，这是对的，我一向也是这样做的，从不轻易对一个人产生好感，所以我很赞赏你的做法。不过我认为，现实中一般很少有人会刻意去研究要怎么样才能给别人留下好印象，因为他们并不知道这是多么的重要。

根据我的实际经验，一个成功人士所必须具备的条件中，学识虽然应该放在首位，但礼貌却是绝对不应该被忽视的。甚至于它的重要性，绝不次于学识。而在企业界中，大部分的人却都只具备学识。威坎侯先生创立了两所大学，即艾切斯特大学和新大学，他办学的口号是"礼貌造就崇高的品格"。我认为这个口号对于办教育的人是非常适合的，因为学识和品行对一个人是同等的重要，两者缺一不可。遗憾的是，即使在教育界，也并不是所有人都能够认识到这一点。

礼貌是什么呢？说到底就是一句话，礼貌就是对你周围的人，多付出一些关爱。首先，要常常记得对人说声"谢谢你"。有这样一种说法，即

"说'谢谢你'越频繁的人，越容易成功"，这句话虽然并不是十分科学，但却是很有几分道理的。我们都知道，"谢谢你"，这三个字是世界上运用最广泛的礼貌用语，对它的应答语经常是"不必客气"。然而这些最普遍最常用的谦辞，在商场上却经常被忽略。你如果对你的员工的请求或者要求都能加上一句"对不起"，那么，你在一天中使用这句话的次数一定相当可观。你可以试试看，当你在要求别人做某件事时，如果开口时先说声"请"或者"麻烦你"，你会很惊喜地发现，那些被你要求的人，都会很乐意接受你的请求，并且会很快地完成你交办的事情。

恰当地运用礼貌语，可以在很大的程度上提高员工们的工作热情以及公司的工作效率。你以礼貌的方式对待别人，或者用客气的口吻要求别人做某件事，比以命令的口吻更能获得别人的赞同。比如：为女士或男士开门，或是当女士进入室内时，为她们脱下（或穿上）外套等礼貌的举动，都会得到他们相应的善意的回报。这些日常生活中最基本的礼貌举动，其实并不需花费你的分文，一般的人都很容易就能做到。而且，这些举动在工作上、职位的晋升上、在签订合同时、与客户建立关系时、在结交朋友等各个方面，都会有意想不到的好的效果。

有的人常常在别人讲话但话还没有说完时，就打断对方说话，这其实是一种非常不礼貌的行为。这种人其实就是以自我为中心，他总是喜欢自己滔滔不绝地讲个不停，而不愿静下来听听别人的见解。这种性格的人，很难能吸引住别人，也无法给别人留下好的印象。这种行为，只会贬低自己的形象。而那位被他打断了说话的人，也会因为他的举动感到自己受到了侮辱，你说他怎么可能高兴？因为被打断了说话，只能表示出你对他的讲话不感兴趣，这是对他本人的极度不尊重。因此，一定要记住，专心认真地倾听对方说话，是一种对对方表示尊敬的表现，这是人际交往中的一大秘诀。

也有很多这样的人，他们的话题总是一直围绕在"我"的话题上，对于自己的事情，巨细无遗，会滔滔不绝地讲个不停，这其实也是一种不礼貌的表现方法。相反，如果你常常向对方询问他的家庭及近况，这表示了对对方的关心。但要注意的是，询问对方的私事时，要适可而止，不要问得太细致，否则会让对方误解以为你是在想了解对方的隐私。恰当的寒暄与问候，是一种对人表示亲切的方式，也是给人留下良好印象的很简便的方法。

说话时幽默诙谐的语言，最能吸引住对方。要想掌握好各种场合的谈话的礼貌，你还得作不懈的努力。世界上交谈的话题非常多，简单的问候，除了天气以外，还有数不胜数的多种方式。比如"你就是在这个镇上长大的吗""你们城镇的足球队的水平怎么样""你现在是在哪里高就"等等，这些寒暄随时都可以派上用场。

第一印象在任何时候都千万不能忽视，尤其在找工作方面，更是重要。人生有很多的场合，你跟别人虽然只有一面之缘，但就是这一面之缘，有可能在日后会为你带来意想不到的结果。如何在这"一面之缘"时就抓住对方的心，这是非常重要的，它决定了你在第一印象中给人印象的好坏。成功与否的关键来自于三种肢体语言：第一，你与对方握手时是强劲有力，还是有气无力；第二，你和上司说话时，是目不转睛很专注地注视他，还是漫不经心、左顾右盼，甚至目光闪烁瞄他身旁的秘书；第三，你的姿势是否端正优雅。

据说，菲利浦亲王在面对2000多名群众发表讲话时，会使每一个听众都觉得，在场的只有亲王和他两个人。即将进入社会的年轻人，应该牢记着这一要点，这是和别人谈话时最高的表达境界。你要尽量做到使听众参与进来，要认真对待他们的反应，让他们提出问题，这样气氛就会变得很轻松，并最终取得谈话的成功。对一个有学识的人，一定要能够达到这样的境界，具备这样的特点。阿尔福瑞特·泰尼逊曾说过："越是伟大的人物，越懂得礼貌。"

礼貌能够很快地树立起自己的良好形象，具体来说，应该怎么做到提高自己的形象呢？这方面包括很多内容，在这里我仅就服装方面，简单地谈谈我的看法。

从因纽特人的衣着到非洲人的装扮，服装的样式各种各样、各不相同。因为每个人对服装的样式的爱好都不相同,这当然是他们的自由——你可以发现,我在周末上午的穿着,都是简单随便的。但是,当你要接见应聘者,或者是和下属一起工作,或者是拜访客户时,一定要西装、领带整齐,以示庄重。如果你衣冠不整、不修边幅,则很难博得客户的好感,那么你与他签订的合同也有可能泡汤。所以在正式场合的穿着,不能只考虑你本身的喜好,而是要迎合对方的喜好。当然,如果你只是在仓库工作,你当然可以任你的皮鞋染上一层灰。但是,你如果想获得别人的好感,获得更高的评价,那么,你就应该把你的皮鞋认真地擦亮一点,把你的衣裤弄整齐一些。

服装虽然不能代表一个人的能力,但它却能代表了你对主人的态度。请你设想一下下面的情景:当你接受别人的邀请去别人家做客,对方的女主人为了你郑重其事地忙了一天,当她拿出最好的银器来招待你,又请人精心为你烹调出精美的佳肴,当男、女主人穿上正式的服装在门口迎接你,而你却穿着发皱的上衣、泛白的牛仔裤前来,这一定会让他们的心情大打折扣,认为是白白地忙了一天,因为你的穿着会让他们认为你对他们的邀请并不看重。所以,为了避免这种尴尬的情况发生,当你接受邀请时,最好穿上西装,并打好领带。如果在宴会上,你觉得你的服装显得太正式了,你可以顺手解下领带。不管怎么样,你庄重的穿着,也是对女主人的邀请表示重视和礼貌,你以你的装束,来表示对她一番盛情的感谢。

服装穿得整洁、得体的人,会使人乐于与你接近。如果你的经济条件许可,那么,你可以买一套高级的晚宴服去参加周末晚上的派对。坐上餐桌时,将面前的餐巾摊开在膝上,对于各种高档餐具,你也必须能熟练地使用。我们老一辈的人,对于餐桌上的礼貌特别注重。以前曾经有过这样的事,有些董事被邀请到董事长家中做客,由于分不清刀、叉、汤匙的使用礼节,从而失去了升迁的机会。

当企业家要在众多候选人中选出一位管理者时,往往会先请他们吃饭。由此可见,餐桌上的礼貌,在工作中往往也会扮演着至关重要的角色。我曾听说过,有一个企业家将餐桌上的礼貌,作为最后决定下属是否升迁的标准。如此看来，升迁与否，很多是在餐桌上决定的。据说有位企业家将两位高管带到大饭店，从他们点菜时的态度，判断他们处理事情是否有主见，是否能够有条不紊。当侍者递上菜单时，他会让他们先后点一些菜，如果他们点菜时犹豫不决，甚至征询侍者的意见，或是不照菜单排列的次序点——大饭店出菜的次序，在菜单上是按照先后顺序排列的，假如顾客先点中间的菜，则会令厨师们混淆。当然，一般上司本来可以先点好主菜，如此也能使服务生感到轻松。但是，如此一来，他就无法观察出他的职员的决断能力了。

如果两位候选者的条件相当，成绩、经验也都相似，那么要想分辨出一个高低，则需要从他们的礼貌是否得当、服装是否适宜、姿势是否优雅、谈吐是否得体、表情是否充满自信等诸多方面来观察比较了。

话说到这里，我想你应该已经清楚，当你为公司挑选职员时，一定想挑选一位能够代表公司的形象、能够和同事融洽相处的人。具备有前面我说的这些特点的人才并不可能太多，而这样的人才是不少公司都想努力争取的人。这种人就像一块宝贵的玉石，全身上下散发着光芒，只要他一出现，立刻就能吸引大家的注意，所以，你也要争取这种人才。你可以通过各种渠道来寻找这种人才。比如你可以向来公司推销的人员或者在本公司的销售员了解，在哪里能够找到这种既品行端正、又礼貌周到的员工。

爱德华·路卡斯曾说过："任何坚盾都抵挡不住礼貌之矛。"这句话实在耐人寻味，它表明了礼貌的重要性。对踌躇满志、准备大干一番的你来说，要把这句话当作座右铭而牢记在心吧。

你的父亲
约翰·皮尔庞特·摩根

同。因为每个人对服装的样式的爱好都不相同,这当然是他们的自由——你可以发现,我在周末上午的穿着,都是简单随便的。但是,当你要接见应聘者,或者是和下属一起工作,或者是拜访客户时,一定要西装、领带整齐,以示庄重。如果你衣冠不整、不修边幅,则很难博得客户的好感,那么你与他签订的合同也有可能泡汤。所以在正式场合的穿着,不能只考虑你本身的喜好,而是要迎合对方的喜好。当然,如果你只是在仓库工作,你当然可以任你的皮鞋染上一层灰。但是,你如果想获得别人的好感,获得更高的评价,那么,你就应该把你的皮鞋认真地擦亮一点,把你的衣裤弄整齐一些。

服装虽然不能代表一个人的能力,但它却能代表了你对主人的态度。请你设想一下下面的情景:当你接受别人的邀请去别人家做客,对方的女主人为了你郑重其事地忙了一天,当她拿出最好的银器来招待你,又请人精心为你烹调出精美的佳肴,当男、女主人穿上正式的服装在门口迎接你,而你却穿着发皱的上衣、泛白的牛仔裤前来,这一定会让他们的心情大打折扣,认为是白白地忙了一天,因为你的穿着会让他们认为你对他们的邀请并不看重。所以,为了避免这种尴尬的情况发生,当你接受邀请时,最好穿上西装,并打好领带。如果在宴会上,你觉得你的服装显得太正式了,你可以顺手解下领带。不管怎么样,你庄重的穿着,也是对女主人的邀请表示重视和礼貌,你以你的装束,来表示对她一番盛情的感谢。

服装穿得整洁、得体的人,会使人乐于与你接近。如果你的经济条件许可,那么,你可以买一套高级的晚宴服去参加周末晚上的派对。坐上餐桌时,将面前的餐巾摊开在膝上,对于各种高档餐具,你也必须能熟练地使用。我们老一辈的人,对于餐桌上的礼貌特别注重。以前曾经有过这样的事,有些董事被邀请到董事长家中做客,由于分不清刀、叉、汤匙的使用礼节,从而失去了升迁的机会。

当企业家要在众多候选人中选出一位管理者时,往往会先请他们吃饭。由此可见,餐桌上的礼貌,在工作中往往也会扮演着至关重要的角色。我曾听说过,有一个企业家将餐桌上的礼貌,作为最后决定下属是否升迁的标准。如此看来，升迁与否，很多是在餐桌上决定的。据说有位企业家将两位高管带到大饭店，从他们点菜时的态度，判断他们处理事情是否有主见，是否能够有条不紊。当侍者递上菜单时，他会让他们先后点一些菜，如果他们点菜时犹豫不决，甚至征询侍者的意见，或是不照菜单排列的次序点——大饭店出菜的次序，在菜单上是按照先后顺序排列的，假如顾客先点中间的菜，则会令厨师们混淆。当然，一般上司本来可以先点好主菜，如此也能使服务生感到轻松。但是，如此一来，他就无法观察出他的职员的决断能力了。

如果两位候选者的条件相当，成绩、经验也都相似，那么要想分辨出一个高低，则需要从他们的礼貌是否得当、服装是否适宜、姿势是否优雅、谈吐是否得体、表情是否充满自信等诸多方面来观察比较了。

话说到这里，我想你应该已经清楚，当你为公司挑选职员时，一定想挑选一位能够代表公司的形象、能够和同事融洽相处的人。具备有前面我说的这些特点的人才并不可能太多，而这样的人才是不少公司都想努力争取的人。这种人就像一块宝贵的玉石，全身上下散发着光芒，只要他一出现，立刻就能吸引大家的注意，所以，你也要争取这种人才。你可以通过各种渠道来寻找这种人才。比如你可以向来公司推销的人员或者在本公司的销售员了解，在哪里能够找到这种既品行端正、又礼貌周到的员工。

爱德华·路卡斯曾说过："任何坚盾都抵挡不住礼貌之矛。"这句话实在耐人寻味，它表明了礼貌的重要性。对踌躇满志、准备大干一番的你来说，要把这句话当作座右铭而牢记在心吧。

你的父亲
约翰·皮尔庞特·摩根

第十二封信　积极，让你走向成功

亲爱的小约翰：

懂得如何用真诚而有效的态度和让人心悦诚服的方法去激励你的员工的工作热情，是一个企业家应该掌握的最基本的管理方法，并且这种方法在你的一生中也是必不可少的。

你的一生中都将扮演着双重的角色，你不仅是你自己，而且同时又是别人眼中的他人。你在激励自己和别人时，别人也同时在激励着你。

激励就是鼓舞人们对自己将要做的事作出正确的决定并付诸行动，激励是向自己和他人的这种行动提供成功的动力，也就是个人体内的"内在动力"。比如情绪、热情、习惯、态度、冲动、愿望、信任等，它们能激励人们用积极的态度行动起来。

激励自己和别人的方法很多，包括"暗示""自我暗示"或"暗示别人"。激励自己和别人的重要之处，在于暗示，这是人类思想的一项伟大的发现。也就是说：只要你愿意付出代价，使用积极的态度，你就能成为你理想中成功的那种人，无论你过去的经历、才智、智商或环境怎样变化，这种因果关系都是真实存在的。

你一定要清楚：对于自己应该以什么样的生活方式活着，自己应该怎么样做，你有选择的权力。所以你必须要研究学会怎样激励自己和别人，使它能够帮助你。因为当你知道怎么才能够激励人的时候，你也就同时激励了自己。

能使你激励自己和别人的方法其实很简单，它就是暗示，这其中包括自我暗示和自动暗示。比如：一位推销员性格内向很胆怯，而他的工作又要求他必须积极主动与人交流，这时，你要做的是：向你的推销员讲清道理，指出他的胆怯和恐惧是自然的，这并不可怕。然后告诉他，别的人是怎样克服胆怯的。你要向他建议：经常向自己说一些自我激励的话鼓励自己；你可以告诉他，应当在每天的早晨或者在其他时间里，多次向自己重复着说"我能行！我能行！"这样的话。

如果他是处在需要他积极大胆行动的特殊的工作环境中，可是他又很胆怯，你更需要这样激励他。在这样的情况下，你要鼓励他根据自己的性格说出这样的警句："立即行动"，使自己能积极行动起来。

另外，如果你发现你的推销员有欺骗的行为时，就应该马上找他谈话。如果这位推销员愿意改正错误，那么，你首先可以告诉他，别人是怎么克服这个错误的，然后给这位推销员一些励志的书籍让他读；其次，你要他在销售中重复地对自己说："要诚实！要诚实！"这一类的话，尤其是因为他是在特殊的环境中，容易被引诱成为欺骗的人或进行了欺骗时，你要鼓励他勇敢地面对现实。我相信你应该很容易理解这个方法，这对你管理公司是非常有用的。

你在对待自己下属的时候，要明白，信任是最能鼓励他们积极为公司工作的。如果你对你认为优秀的员工抱有信心时，他就能够获得成功。但是，你要正确地理解到什么是真正的信任，要知道信任是积极的，而不是消极的。消极的信任没有力量，就像不能观察的眼睛，他的视力没有用处一样。所以，你必须运用积极的信任，必须说明你的信心，你要告诉他："我知道你做这个工作是会获得成功的，因此我向很多人都保证了说你会成功。我在这儿等待着你的成功的好消息。"

你要想想我为什么常常给你写信，因为信件可以表达我对你的信任和鼓励。现在你也应该用一封信来表达你对别人的信任。我相信，写信是表达你个人的思想和激励别人的极好的方法。所以，我希望你能多写信，不要仅仅只给我或其他的亲人写信，还应该给包括公司员工的其他人写信。

我们公司的员工遍布全国各地,甚至世界上很多地方,你不可能经常到世界各地去向每一个分公司的人或者上级部门去和他们交谈,所以,写信才显得很有必要。

任何人都能够写一封信,向别人提出建议,信件可以影响收信人的下意识心理。当然,这种建议的力量取决于好几种因素。当你在多年后成为父亲时,我的孙子或孙女可能远在外地上学,你这时就要发挥信件的作用,它能起到你用别的办法所不能完成的效果。

因为,写信可以让你做到:第一,塑造孩子的性格;第二,讨论一些问题,有些问题在面对面的谈话中也许不容易表达清楚,或者即使涉及,你也不会花费时间去详细讨论;第三,表达你内心的思想。

现在的孩子也许很反感大人的唠叨或者接受别人口头上提出的劝告,因为现实的环境或者他的情绪容易使他们这样做。但是,他们可能会乐意地接受那些书写端正、语调亲切的书信中所提出的劝告。特别是这封信如果措词得当,它就可能被孩子们经常地阅读、研究,从而慢慢被消化。

现在你在公司已经独当一面了,作为公司的决策者之一,如果你对你的员工或者是部门的某些管理者写封恰当又能符合你身份的信,就能起到激励他们打破以前的销售纪录的作用。同样的道理,一位销售员一旦给他的经理写信,同样也会从这种激励的方法中受益匪浅。

你也常常给我写信,你是知道的:一个人如果要写信,就不得不进行认真的思考,写信人必定会把他的思想反映在他的信上。你在指导员工对某件事做出回答时,可以在信中向他提出一些问题。

世间的父母总是希望能激励着自己的孩子,希望能够望子成龙,成为栋梁之材。就拿托马斯在小时候的事情来说,当这个孩子感觉到他是完全沉浸在长辈们的温暖而可靠的信任中时,他就会干得很出色,他不会费尽心思去考虑怎么免遭失败,而是会想尽一切办法去寻找成功的办法,这时他的心情是舒畅的。因为信任已经绝对地影响了他的情绪,他要把自己最大的能量都发挥出来,所以这种信任包含着无形的激励在其中。托马斯的母亲造就了托马斯。因为她深厚的母爱和不可动摇的信心激励着托马斯努力成为她希望能成为的那种孩子，这就是激励的作用。所以，你要能用信任的方法去激励员工，当你去激励别人的时候，目的就是要使他们建立起自信心来。

我还要着重说明的是，对于激励员工，如何落到实处的问题。如果说，设置合理的职位、挑选适当的人选、授予必要的权限，是调动积极性的前提条件，那么激励下属则是调动积极性的具体手段。激励的方式有多种多样，因人、因地、因时、因事而各不相同。现在我对你专门说明的有以下两点。

一般都以为高层次的需求是以低层次需求为基础的，低层次的需求满足以后便不再需要激励；在众多需求中又以最主要的需求为最应有的激励。

其实，人的各种需求应该是同时存在，缺一不可的。而且各种需求一般都是一个有机的整体，很难将其划归为某一需求层次。那种认为在今天或将来如果在生活条件普遍提高的情况下，人们更多地只是考虑精神方面的满足，这样的想法是不切实际的。

我和你如此地反复讨论激励问题，是要你树立起坚强的个性和积极的精神，让你找到一种引导你行动的力量，从而可以获得更大的成就。如果你知道某些原则可以激励你自己，那么你也就知道这些原则同样可以激励你自己的员工了。同样的道理，为了激励你自己，你要努力了解如何激励别人的原则；为了激励别人，你又要努力了解如何激励自己的原则。

在这里，首先你要做到的是：养成用积极的心态去激励自己的习惯。一切成功的企业家都应该懂得激励销售员最有效的方法之一，就是亲自到现场，和销售员一起工作，给他树立起一个榜样。

在麻省有我们的分公司，那里有一些优秀的员工。有一次我下去检查工作，我听到一位推销员对我抱怨说：他在西奥克斯中心已经工作了两天，然而一份合同也没有签订。他认为在西奥克斯中心进行销售是很困难的事，因为那儿的人是荷兰人，他们讲究宗派，不想买陌生人的东西，并且，这片土地歉收已经有好几年了。

虽然他这样说，但我还是建议我们第二天就到那儿去做生意。第二天，我们驱车前往西奥克斯中心。在车上，我闭着眼睛，努力使身体放松，我默默地沉思，尽力调整我的心理状态，我一直在思考的是我应该怎么与这些人把生意谈成，而不去想为什么我不能同他们做生意。

当时我的思路是这样的：他说他们是荷兰人，讲宗派，所以他们不愿买我们的东西。我不认为这与我们的生意有什么关系。如果你能将东西卖给他们中的一个人，特别是一个领袖般的人物，那么你就能卖东西给他们所有的人，现在我要做的就是努力要把这第一笔生意做成，就算因此要花费很长的时间和精力，那也是值得的。

另外，他不是说这片土地已经歉收好几年了吗？这对我们并不是坏事，因为荷兰人是非常聪明的人，他们特别提倡节约，做事又十分认真负责，他们需要维护他们的家庭和财产。他们也许一直没有从事过其他金融业务，因为别的推销员可能与我一起开汽车的那位推销员一样，具有同样消极的心理，一直没有与他们进行过金融业务。他不明白，我其实是来向他们提供一种风险很低的赚钱门路。

我们到达西奥克斯中心以后，我选择了一家银行，我找到这家银行的经理，向他了解了一些情况。然后我去找了在荷兰人中很有威望的迈克尔先生，很真诚地与他进行了沟通，最后顺利地把事情办妥了。

在同一个地方，面对的是同样的人，为什么别人没有办成功的事，而我却办成功了呢？实际上那位推销员没成功的原因和我成功的原因是相同的，除去一些别的原因外。那位推销员说他不可能签上合同，原因是因为他们是荷兰人，并且有宗派观念。那这就是消极的态度；而我却知道他们会和我合作，正因为他们是荷兰人，并且有宗派观念，这就是积极的态度。

另外，那位推销员还说他们不可能与自己签订合同，因为他们那里已歉收好几年，这也是消极的态度。但我知道他们会与我签订合同，也正是因为他们已歉收好几年，我这就是积极的态度。我和那位推销员之间的不同就在于消极的态度和积极的态度之区别。

富过三代的秘密

　　我向你讲这件事,是要你懂得,不管做什么事,都要具有知难而上的勇气,并且要有不达目的不罢休的自信心,知道怎么样用积极的态度来对待工作。我在那位推销员失败的地方成功了,我这是在用榜样激励了他们。

　　孩子,我对你说那么多,不仅仅只是要你子承父业,更重要的是希望你能够在失败中成长并且能走向成功,从而获得其他更重要的东西,比如:智慧、品质、幸福、健康。这是一些比我们家族财富更重要的东西。

你的父亲
约翰·皮尔庞特·摩根

第十三封信　坦然面对暴风雨

亲爱的小约翰：

最近,我很是不安,因为我发现你似乎心事很重。首先,我要想告诉你的是,不管发生了什么事,是公司里的事也好,还是你个人的生活也好,要处理好这些事情,必须要有一种良好的心态。还要记住一点的是,那就是你的父亲——我,会永远站在你这一边来帮助你。

我知道我们公司有几种产品的销售情况不容乐观,你是不是也一直在为这件事而发愁?其实,我也很担心,担心的是它们有一天会被挤出市场。但是,遇到困难发生时,你一定不要自己先乱了阵脚。我建议你先把事情的发展的原因及状况,还有发生的结果弄清楚,然后再去考虑对策。你可以先查查收益表,把这几种产品的营业额减去总成本,就大体可以知道损失有多少。我想,情况可能不大理想,但也不至于坏到哪儿去。

"为了将来,我们做了哪些准备?"一旦遇到这种情况,你首先应当这么问问自己。在这一方面,我成功的经验虽然说不上有很多,但失败的教训却有不少。对于如何度过困难的时期,我还是有一些经验的。你要知道,人生的苦难,其实正好可以磨炼人的意志,它可以激励你度过逆境。我相信,人,越是在面临重大的困难的时候,就越是能发挥他们的潜能。

下面我们再来谈一谈销售额减少的问题。鉴于目前面临的这种现实状况,你必须对销售部门进行一次调整。营业额降低了20%,利润当然也就相应地减少了,这时候可能就要裁员了,然后再调整一下每个员工的工作量，工厂也必须如此做才行。因为生产量减少了，规模相应也就缩小了，也就不必雇用那么多的工人了。经营企业，就如同打仗一样，挖战壕是战场少不了的事。在战略上，它是具有和企业成长同样的重要性。事实上，挖战壕同样更需要经营管理方面的能力。而成长则是一种自然的属性，它属于一种变化，和部队重新编制去夺回失地的情况是不一样的。

我们现在面临的首要问题是面对现实的状况，究竟应该做怎么样的防御，这在一定程度上取决于公司的成长构造。当我们在制订成长计划的时候，经常要讨论的是，固定费用和活动费用。固定费用是无论销售额有多少，都必须要支付的费用，包括土地、建筑物资金、资产折旧、贷款利息等；而活动费用则随销售额的多少而上下波动。因此，你首先要做的就是设法让固定费用尽可能地缩减。如果土地或建筑物一时还用不着，是不是可以考虑先把它出租给别人。另外，也可以考虑卖掉一部分的设备，考虑一下现有的管理人员是不是都很称职等。更重要的是，在下一次再作扩张的时候，首先应慎重考虑的是那些钱能不能收回来，收回来的难易程度究竟如何，这些就是防御的方法之一。

随着年龄的增长，我感受中最深切的是，一个人平时不管多么小心地应付问题，依然不可避免地会碰到困难，这就是人生。你一定要有心理准备，要随时克服突然出现的一些困难，只有这样，你才能够将竞争对手远远抛在你的身后。

在我创业初期的时候，每天都有一些公司由于经营不善，或者自身的基础不稳固而倒闭掉。有鉴于此，我就采取了多元化的经营策略，而且一直坚持到现在。就是从一家公司发展到如今的七家大小不同的分公司，就是因为这个缘故。如果当初我只发展一家公司，让它不断成长，它的规模一定会比现在的大很多。相信大家也一定会这么想。可是我却不这么认为。因为我认为多元化的经营，它的安全性比较高，即使一家公司失败了，其他的公司仍然可以发展壮大并经营下去。

一个企业家应当时时做好这样的准备，要想到在遇到困难的时候，该如何筹措资金。我经常对你强调，贷款时不能借太多的钱，只要够用就可以了。如果你的贷款超过了你能够偿还的程度，万一运气不好，那问题就严重了。在你遇到困难的时候，你能够筹到多少资金，这种事要在平时就确定下来。而每次借了钱一定要按期归还。你要经常这样问自己："如果借了钱，当发生了严重影响还债能力的时候，我该如何应对呢？"

像我们这种多元化经营的公司，要把自己从逆境中解救出来，最常用的办法就是把一个分公司或某种资产卖掉，我就是这么处理的。因为我们办企业的目的并不是仅仅要改善公司，而是要创造更多的利润。虽然这种决定有时是件很痛苦的事，但却不可避免地只有这样做。

克里斯汀·鲍韦曾经说过："在你开始经营某种事业时，一定要有大胆而详细的计划，并且要有强大的能力去实行。"当你决定做某一件事时，既要有足够的胆量，也要时常未雨绸缪。为了应对事物发展的变幻无常，你必须要做好最坏的打算。

你的父亲
约翰·皮尔庞特·摩根

第十四封信　理智面对冒险的诱惑

亲爱的小约翰：

在面对赚钱的诱惑时，我们往往可以很容易地在 30 分钟内列出许多有利的因素，却完全不会去考虑到它的不利因素，以至于在很长的时间内都为此遗憾。我不知道你对这件事是怎么想的，我最担心的是你会在赚钱的机会面前，禁不住冒险的诱惑。

就拿你的朋友哈罗德为你提供的这个所谓的"美好"的赚钱机会来说，哈罗德和他的几位朋友兴高采烈地预测了赚钱的前景，他们深信这项计划无论从哪一个角度来分析，都一定能够包赚不赔。换句话说，他们认为这个计划绝对是个万无一失、完美无瑕的赚钱机会。不过，他的那个计划似乎与我们公司的业务毫不相干。而且，据我所分析，哈罗德之所以邀你与他一起合作做这笔生意，应该是看中了你在事业上卓有成效的原因。这使我不由得多想了些。据我猜测，哈罗德和他的朋友们与你合伙的真正目的，是以牺牲我们的利益为代价，去支持他们自己的事业。

在你兴高采烈地计算着这笔投资可以使你获得数百万的暴利之前，让我这个当父亲的先告诉你几件事，这或许可以帮助你避免造成难以估计的损失。

我很想了解哈罗德和那几位工程师，他们如此热情地邀请你加入他们这个看来是十分冒险计划的真正原因，因为他们那项计划，是关于以大型建设设备服务为目的的，并且是具有高度专业化的技术方面的事，这种事业与我们公司的宗旨相差得实在是太远了，以你个人的知识和技术，你对这些完全是陌生的。

我这么说并不是想剥夺你充分发挥自己才干的机会。但是我首先要告诉你的是，一听到这件事，在我的脑海中最先想到的，就是我们家的财产。因为，当一个人在计划着发展新事业的时候，一般都能够灵活地解决制造及销售方面的一些问题，但是到了筹措资金，准备把计划付诸实践的时候，麻烦就跟着来了。因为，我们不得不承认，现实是一个金钱万能的世界。

就拿这项赚钱的计划来说吧，如果它十分稳妥，而且很有成功的把握，那么，如果要以你的灵魂去抵押数百万的资金，会由谁去经营这个计划呢？显然这个人一定不会是你，因为你并不具备经营那项特殊计划的技术和资格。况且，你如果把相当大的精力和时间投注在与公司无关的其他事业上，那么要增加我们公司的效率和利益，是不是就会非常困难了？事实上，以你目前办企业的经验来看，如果你想脚踏两只船，实在是一件很难做到的事，到那时我们公司的效率和利益恐怕会受到极大的伤害。

于是，在你们那家刚成立的公司目前还没有能力雇请合适的专业经理人的情况下，这个公司只好由哈罗德来负责了。对于这一点你是怎么看的呢？我想，哈罗德会利用你的金钱，却让你站在一边。如果哈罗德做事没有发生差错的话，这样的安排本来也无可厚非。以他仅仅只有32岁的年纪，如果在不需经过任何企业的训练和经验的情况下，能够顺利地掌管好这个公司的经营，我只能说他或许是一位罕见的青年英才。但是，我实在无法认同这一点。

或许，你投资开10个这样的公司，会有1个成功。但是，在你因为投资的9家公司的失败而倾家荡产之前，你确定能保证有一个成功的投资吗？

他们除了要你参加一项对于你是外行的事业外——即使我们或多或少

对那行业有些许认识,但其风险也还是相当大。哈罗德与那些工程系出身的朋友们完全没有一点经营企业的经验,在这种情况下双方必须有过一次的合伙经验才能说是双方有一定的了解。所以,这种合作的代价也未免太大了。

即使,你或者能成为四位共同经营者之一吧,那么,你是出资人,哈罗德是董事长,而查理则负责销售,富莱德则负责生产。开始,四个人也许会奋发地努力工作,大家也可能会全力以赴。只是,时间一久,四个人当中或许会有一两个人在中途失去了无私的心态。即使是一项成功的事业,也很难避免这种情况的发生。于是工作会变得异常艰难,每个星期要忙碌七八十个小时的重担会一下压在某个人身上,将其压垮,不好的结局也就慢慢降临到你们身上了。

"查理那家伙在享受每天花3小时和200美元午餐之际,我却在这里埋头苦干!"

"我今天晚上在这里辛辛苦苦地加班,他们却在饮酒作乐。我所赚的每一块美元中,倒有四分之三跑进了他们的腰包!"

你虽然牢骚满腹,但此时,他们或许也开始对你不满了:"为什么我们赚的每一块美元要分他两毛五呢?他不是什么都没做吗?"

人总是健忘的。当初公司成立时你所提供的主要的资金的事,他们不会永远心存感激地记住这档子事。因此,你将会很快地面临被合伙人问及的情况:"你到底为我们做了些什么?"

如果你一定要参加他们这项合伙计划,我想我们必须按照游戏规则事先做几件事,以减少将来免不了会产生的不少麻烦。目前,对你最为有利的,就是你对他们诚实、聪明、勤勉的程度有多少的了解。依我的看法,你最好事先与他们谈清楚前面所列举的可能会产生的那些麻烦。比如:关于你所投资的金额,你为此所做的牺牲,以及必须长期忍受做一些你实在不感兴趣的事等现实问题,对这些你必须要有心理准备。因为,除非这项新的计划确实是与众不同,否则你必须拼命地努力工作,才有希望获得成功。你不妨将你这些想法整理成书面材料，那么，即使将来计划中途失败了，至少他们不得不承认你事先发出的警告是值得尊重的。

另外，对于这个公司的股份的分配问题，你也要认真地考虑。根据我的分析，哈罗德可以与你平起平坐，至于查理和富莱特虽然在公司的工作很重要，但他们毕竟不是领导者。而每一个人都希望自己在公司里能拥有或多或少的权力——否则，怎么期待一本万利呢？所以要有几个使大家都称心如意的方案。哈罗德也许会赞成由你们两个人拥有大多数股份的想法。比如：由他与你两个人平分80%的股份。如果能这样，一切问题还不大。这时你就应该发挥你一向沉稳的特点，以免将来造成麻烦。你必须先与查理和富莱德讲清楚，他们俩所持有的股份将各占10%，在这个时候，绝对不能有讲义气攀交情的余地。因为义气对于事业而言，无疑是一种破坏性的、不理智的因素。然后，你就可以把税前一年的总盈利的30%分配给他们三人，换句话说，即一人可以得到总盈利的10%，这样做可以对每一位合伙人都产生两种刺激：一为持股——一般而言，在事业发展及债务偿清之前，不会发现这只不过是个稍纵即逝的梦想而已；另外，为每年所支付的利益分配——我们期待它是一种努力的报酬，实际上往往是以拿到的现金去支付的。

为了尽可能减少将来可能发生的纠纷，你最好召集你的三位合伙人、会计师及律师，共同评估你们每年所持有的股份。因为一旦有人对其他合伙人主张他所持的股份应具有更大的价值时，那么想与这个人解除合作关系将会与离婚一样会是十分麻烦的事。因此，为了预防将来有人可能会卖掉自己的持股，就必须规定每年都要进行例行的持股评估。这样，即使谁想要抽身而退，也能清楚地知道自己的财产状况。

关于这一点，我绝非杞人忧天，因为我很清楚，支撑那个公司的是你的资金，所以评估务必要慎重地挑选会计师和律师，让他们为你主张。这样一来，你对于自己的资金及合伙人的资金，就能够做到在一定程度上的控制了。

你我共同经营的事业，由于你的勤勉和友爱，目前正处在欣欣向荣的成长之中。如果你一定要投身带有很大风险的冒险性的事业中，我只有深切地希望这次的合作事业也同样充满着勤勉和友爱，并祝愿你能够一帆风顺。

最后，我想告诉你一句话："不入虎穴，焉得虎子。"

你的父亲
约翰·皮尔庞特·摩根

第十五封信　别让金钱从你身边随意溜走

亲爱的小约翰：

　　我平时一般不批评你，更没有在某些方面限制过你，因为我不想用我的模式来束缚你。但是，近来发生的一些事情，却让我感到很是担心，于是我觉得有必要写封信给你，就金钱方面的一些问题与你交流一下看法。

　　这件事的起因是财会室曾请我审批几张单据，这使我很是疑惑。你那一笔巨额的招待费，像是招待什么王公贵族似的。但是在我的印象中，我们的客户里面并没有什么王公贵族。那么，这是客人自己要求你这么隆重地招待他们呢，还是你自己染上了奢靡浪费的恶习？

　　在客户或者朋友们的眼里，你给人的印象是一个海派的人。适度的大方当然是应该的，我也并不认为这有什么不对。但是，太过于大方，就有故意摆谱的味道了，我认为这不是什么好事。

　　金钱有两种用途：一是用来投资，以赚取更多的利润；二是用于享乐生活，适度消费。金钱可以买来令人赏心悦目的漂亮家具，也可以买来一夜的酩酊大醉，而不用去考虑明天的生活。最让我担心的事情就是：不知道金钱的正确用途，以为充阔佬、摆大方，就能够博得别人对你的好感。

　　你当然知道给人第一印象的重要性。但是，去豪华饭店招待新客户，虽然很体面而且很快乐，却并不能因此给客户留下良好的第一印象，关于这一点，你是不是认真考虑过呢？事实上，客户已经实地参观了我们的公司，也接受了100美元的用餐招待，他们应该怎么做，其实心中早已有数了。你应该做的事情是：用充满自信心的态度与他们谈生意，而不是把你的钱包——实际上也是我的钱包——掏空。

另外，不知你是不是明白，你这种花钱如流水的奢侈态度，很可能因此而使不少客户对你敬而远之。因为他们会想，你花去的钱正是从他们身上赚走的，甚至他们还会因此怀疑你卖给他们的价钱是不是太高了。这么一来，他们可能会考虑以后是不是还要继续与你做生意。而你为了和他们继续保持业务上的往来，必须付出比平时要多得多的努力以跟别人竞争。

让客户明白我们公司的资金充裕，实力雄厚，这当然重要，但是如此浪费金钱，却反而会被人认为是一种愚蠢的行为。企业家的目的就是利用手头现有的资金去创造更大的财富，而绝不是把财富无限度地去挥霍掉。一个惯于奢侈挥霍的人，不但不会得到受益者的喜欢，他们反而会在背后讥笑你为傻瓜，而不愿与你交往。

从某种意义上讲，贫穷也可以成为人的一项资本，对于这一点，我是深有体会的。每当我回忆过去，我十分感谢上帝，是上帝赐给了我丰厚的资产。你可能想象不到，在以前，我们的家境非常的贫寒，我们过的是甚至于一天三餐都不能保证的苦日子。在我的老家，有一位富翁，他过着很富裕的生活，他的住宅、轿车、服装都是最好的。在给慈善机构捐款时，他也总是最大方的。于是我决定仔细研究他赚钱的方法，所以我听到了关于他的许多传说：他是一个很不讨员工们喜欢的老板，他对员工要求非常苛刻，即使是10美元的利息，他也要压榨得一分不少，因此不少人称他为"顽固而吝啬的富翁"。但是现在我回想起来，事实却并不是传说的那样，这完全是由于他的成功遭到了别人的嫉妒，这些人总是幻想如果自己一旦发达起来，决不会像他这么做，于是便给他下了那些不怀好意的结论。

在我们那个小镇，那个富翁就像生活在玻璃缸里的一条金鱼，他的一举一动都能成为大家注意的焦点，全镇人茶余饭后的话题就是与他有关的消息。我曾亲眼看见过有人在他背后把一件小事添油加醋、大肆渲染中伤他，但在教堂里却对他极尽阿谀奉承之能事，说他"气色很好""是一个成功的企业家""待人和蔼可亲"等。但是，他从来都没有被这些虚伪的赞美蒙蔽,他会以亲切的态度和真诚的言辞赞美他们的帽子、胡子或准备的茶点。他很清楚这些人是在觊觎他的财产,他也清楚这些人如何在他背后散播一些无聊的话题,但是他从来不把这些事情放在心上。在每个礼拜一上午,他都是照样回到工厂里,让机器飞快地转动,让钱财滚滚地流进他的口袋。

我的母亲经常对我说这样的一句话:"随便让小钱从身边溜走的人,肯定留不下大钱。"现在想来,她的话是非常有道理的。我想告诉你的是,金钱会为你带来虚伪的朋友,他们成天围绕在你身边,不断地给你灌迷魂汤,使你迷失了自己。而我的那些朋友都是从小就认识的,我们的友谊绝对不掺杂着一丝金钱的因素,况且他们本身也都是小有资产的人家,所以你不必怀疑他们与我的友谊。而你却不同,你从小生活在一个富裕的家庭里,你身边的朋友,哪些人是真心对待你,你必须做到心中有数。

人们都喜欢和有钱的人打交道,这也是人之常情——至少大部分的人都是这样的。可能是因为和有钱人交往,他们可以享受到他们自己很难享受到的东西。你的朋友当中,一定会有这种人吧。因此,对于那些因为你的家境富裕而想与你交朋友的人,你一定要提高警觉。相反,有些人,为了避免你怀疑他的居心不良,而故意与你保持一些距离,只维持着纯粹的友谊的人,你千万不要忽视他们。这些人一般不会主动地发邀请函或招待券请你出席他们办的宴会,但是,一旦看到你出现在他们的面前,他们都会从内心里生发出喜欢,亲切地和你寒暄问候。这种心理真是很微妙,可能他们不愿意让别人误会他们是故意和你拉近关系。

得到一个真正的朋友不容易,而想要失去一个朋友却非常容易,最有效的办法就是借钱给他。不过你千万不要作这样的尝试。千万不要答应朋友借钱的请求,他如果是真的需要钱,完全可以向银行贷款。要知道,借不借钱,并不是用来衡量友谊的最好办法,这是千古以来始终不曾改变的事实。相反,如果你的朋友真的遭遇了困难,你这时就应该主动地伸出援手,你这么做不但不会损害你们的友谊,他反而会从内心感谢你;当他有了能力的时候，他一定会如数偿还这笔款项，而你们的友谊也会更加坚定。

金钱更不能作为选择人才的标准，你一定要牢记这一点。狄米斯托克斯为他的女儿选择终身伴侣的时候，他不会考虑对方的家境，他宁可挑选家境贫穷但是人品好的人，而不会选择家庭富有但是人品不好的求婚者。

我对于自己是白手起家而创出今天这番事业，一直引以为骄傲。请允许我在这里自鸣得意。现在，你也加入到我们的团队里来了，所以你应该格外珍惜这份荣耀。

你如果想干出一番大事业，能够引人注目，受人尊敬，就必须拿出你的成绩来，为公司开创出更加蓬勃发展的新局面。否则我只有拿起一把锤子，直接敲打你因充满傲气而鼓胀的胸部，直到你低头承认自己只不过是一个普通人物时为止。我这样说，并不是不许你为自己小小的成就举杯庆祝。你可以在不是过分铺张的情况下，尽情地和可信任的朋友互相祝福。如果你能够这么做，那么当你碰到挫折的时候，也可能向这几位朋友倾吐，而不必满世界抱怨。

我经历过从穷人到富人的这两种极端的身份，因此可以很明确地告诉你，做一个有钱的人，当然是比较好，但他们通常会感觉孤独。因为当你拥有大量的财产以后，要寻找一位正直、忠诚的可靠的朋友，将是非常困难的事。

财富有时可以成为幸福的代名词，如果你处理得当，你将从金钱上获得很多人生的快乐：人的一生的喜怒哀乐，几乎都是围绕着金钱在打转。有了钱，你可以享受世上许多乐趣。而没有钱，人生就会变得十分的艰难，这其中的得失，全凭个人的感受。

聪明的人，往往比较容易成为富有者，但是，一旦变得富有，人就会变得有些愚蠢——包括你的妻子也会变得愚蠢，这种现象十分普遍。他们把辛辛苦苦挣来的钱，会在短时间内就变得一文不名，这其中的原因不外乎是投资失败和挥霍无度。

金钱原本就是让人享受的工具，所以我并不是要你做一个一毛不拔的守财奴。但是，你应该做到当用则用、当省则省，不必要为了一分一毫而伤脑筋——你母亲就是一个凡事都爱考虑的人，因为没有一个人可以清楚地记得每一分钱都用到哪里去了！

公司里有几件事，你必须要牢牢地铭记在心上：即使是1分钱，你也要格外珍惜，你要把它当成一粒种子，播种后，通过辛勤的耕耘，并借助上帝的眷顾，到了第二年，这1分钱就可以成为2美元，这个道理就是积少成多，积沙成塔。当然，要等到它成长为10万美元，甚至200万美元，还需要一条漫长、崎岖的道路要走。

金钱就像种子一样，会成长繁殖，而你的信用也会因资金的充裕而变得更加巩固。为了及早实现你的计划，你必须要有良好的信用作为资本。如果你身无分文，那么你去向别人借钱，那将会是一件如登天般困难的事；相反，如果你已经拥有100万美元，再要向别人借100万美元就比较容易了。所以，千万不要轻易地让一分一毫从你的手上白白地流失掉。

如果要积蓄一笔资金，需要很长的时间，但是如果要将这笔钱花掉，则只需一会儿的工夫。所以，即使只是一条只能赚1美元的机会，你也必须脚踏实地、按部就班地进行，千万不要投机取巧，另辟捷径。要知道，通往成功的道路是少之又少的，而且每条路都相隔得很远。所以，你一旦找到了其中的一条，就必须要站稳脚跟，坚持到底。有不少这样的例子，当某人从某一项事业中赚取了利益时，就会得意忘形，自以为是天才，于是想要再开创另一番事业。这时他就会背离了当初致富的途径，以致把以前积存下来的资本都赔了进去。这些人失败的原因就在于误以为自己是无所不能，做事都能一帆风顺。

如果你不爱惜金钱，让它随意地从你身边溜走，那么我要告诉你的是，在这个世界上，需要我们帮助的人数不胜数。所以我们的钱要用在刀刃上。但从你上个月的清单来看，你交际费的数目之大真是令我难以相信，你似乎快要掉进金钱的大海中了。

《圣经·新约·提摩书》中说："金钱是万恶的根源。"传道书中也这样说："酒肉、聚会令你欢笑，但是金钱带给你更大的满足。"对于这样的

富过三代的秘密

两种说法，我都无法苟同。我认为金钱和常识、亲切、勤勉、愉快、欢乐都有关系，所以我希望你能继承我们家的传统，谨慎地使用好每一分钱的用途。

要知道，信用比巨额的金钱更重要，所以，在下一次遇到晚宴、派对的时候，我希望你能坚守信用。你必须要稳妥地保管好自己的钱包，更需要小心地处理好公司的财务。名誉和财富，很可能是转眼即逝的装饰品，但是信用却是保证你一生幸福的支柱。美满的家庭、健康的体魄、真诚的友谊、忠实的员工、真挚的爱情以及受人尊敬，这些都是用金钱买不到的财富，而且是一生也受用不尽的财富。

你的父亲
约翰·皮尔庞特·摩根

第十六封信　回顾昨日，掌握明天

亲爱的小约翰：

我看到你现在经常留在公司里和客户交谈的时间越来越多了，你为了公司的发展这么兢兢业业地工作，我感到十分的高兴。但今天我想告诉你的是：如果有那么一天，你对每天要上班感到厌倦，对工作失去了热情，那其实也并不是什么坏事。

为了公司能够维持良好的运行现状，作为公司的领导人你就必须每天出勤，但是这并不意味着你要事必躬亲。因为你的时间不可能有那么多，而最主要的是，你必须要让你的员工各尽所能、发挥所长。

为了拥有一支优秀的管理团队，公司的领导人首先要做到的，是必须为公司的各个部门选择优秀的合适的人才去管理，我想这一点我们公司可以说是已经实行了。领导人其次要做到的，也就是你自己的任务，那就是传达意见。也就是说，在你和开发商之间、你和客户之间以及你和员工之间，要尽可能地做到彼此的意见可以相互顺利地进行交流。

如果你能够合理地安排好你的时间，你就可以胜任这项工作了。一般情况下，每周都应完成这些工作，例如参加开发专案研讨会、选定新工厂或特别的设备、设计新产品，或者制订下一季度的成长规划等，需要20个小时的时间，剩下的20个小时，就是你可以自由支配的时间了。

谈到领导能力的时候，你或许能发现，有不少人以二号人物的身份，能够很出色地完成任务。其实道理很简单，因为这些人的能力只能坐第二把交椅，他们所欠缺的，恰恰是担任首脑所必须具备的天分。有不少人为了维护自己的尊严，硬着头皮担当不适合自己的或者职责过重的领导职位，其结果就可想而知了。

　　头号人物不但要有能力，而且还要眼光远大，只不过，具备这些条件的人却又难得有这种机会。我想，你一定已经注意到了，我直到现在仍在让你做一些你讨厌的事，其实我这样做是有原因的，主要是为了拓展你的视野，开拓出更宽阔、更长远的思想，从而使你具备较完美的能力来接任董事长这一职位。现在这一天终于到来了，你已有新的任务在身。但是我还有个请求——我已经不能对你下命令了，希望你能够继续努力不懈，为了配合公司的运作和步伐，希望你继续把握好每一个机会。如果你做不到这些，我很难相信我们的公司今后还能保持现在的繁荣和强大的竞争力了。

　　说到这里，让我们来回想一下你在当上董事长之前，我们曾经一起讨论过的这些问题吧，这必然会对你十分有用。

　　你在上大学以前，本来只打算选修与企业管理有关的一些科目——当然包括训练酒量。不久，你发觉还有必要加强自身的修养，于是你在研读企业管理、财务的同时，又选修了经济学、政治学、产业关系、英语、历史，甚至天文学。所以当你毕业时，除了会整理、分析财务报表之外，还具备了广博的知识结构。

　　在你读大学期间，为了考试，你不得不埋头苦读，你看的书确实已经很多了，却没想到，你一毕业后，你的上司——也就是我——却拿了好几本书放在你的书架上。我没有别的意思，只不过是希望你能继续完成人生最重要的自我教育。亨利·大卫·索洛曾经说过："有许多人，读了一本书，就荒谬地以为能够借以打开生命中新的篇章。"是的，你不可能真的相信读了一本书就能改造生命，如果是那样，你就彻底完蛋了。因为任何一本书都试图揭开今天复杂的社会真相，但却只有极少数人想知道为什么，比如当你看完了克劳德·霍布金斯的《生活在广告业》一书时，你曾为了企业家精神的所有层面而感动不已，然后我们去旅行，你从12岁就开始出国旅行，我欣喜地看到你兴奋的脸庞，面对国外不一样的风俗和习惯，一面听取你的感想，一面回答你的问题。20年后，你对外国工商业的做法感到了兴趣，便一直保持着周密的观察和分析。你无时无刻不在为提高公司的效率而学习新的事物、吸收新的方法，在这时，外国对你来说已经不再是神秘的世界。在某些方面，有些人确实比我们强，你一旦明白其中的奥妙，总会表现出渴求和别人一样的好心情，为此，你不知我心中有多高兴！

确实，旅行能够增加人的知识和见解，而这些正是管理企业的基础。我们可以设想，如果没有了客户和员工，我们就只能是一事无成。另外，旅行也能拓展你对事业的管理和看法，因为我们公司的主要业务是投资管理，你凭借和世界上各个角落的人的广泛接触，学到了应该怎样把事业推向更远、更广的地步去发展。

我们有很多成功的会议是在独木舟上召开的。让我感到意外的是你天生喜爱大自然，我们能够一起去享受那份喜悦。对我来说，没有什么比宁静的森林更值得我感谢，因为它替我平服了我杂乱无章的思绪。

不知从什么时候起，我喜欢在旅行中告诉你一些问题的解决方法。比如，迟迟决定不了的事，或者碰到困难的事，我把相关联的事实分别向你列出，然后把问题交给你，然后我就能够一觉睡到大天亮。每当在划独木舟、垂钓或狩猎的时候，随着时间一点一滴地消逝，忽然会发现在无意之间，自己的思绪已经被整理了，这真是太美妙了！当垂钓或狩猎即将结束时，头痛的问题已找到了解决的对策，行动的方针也已经有了决定。那些对策的产生大多是靠直觉的方法解决的，所以，宁静的大自然有着让人感觉到成效卓著的魔力。的确，大自然是这个世界上最高明的企管顾问。

你发现你现在结交了不少新朋友，同时又还和高中及大学时代的朋友保持联系，你这样做我很是高兴。我相信友情是无价的这种说法。能够拥有和你一起分享喜悦或者痛苦的朋友；能够拥有互相帮忙、互诉心声、互相激励的朋友，这是完全值得庆贺的事！

你很喜欢家庭给人带来的温馨，除了感到喜悦，你也希望它一直能这样保持下去。在工作和家庭两方面，你能够做到适当地分配好时间，使之协调，在这方面你做得确实是很不错的。刚踏入社会的人，对于自己的所爱以及爱自己的人，必须要有特别宽阔仁厚的包容心，当然太太也必须努力去配合先生的步调。现在有许多父亲每天忙于加班，挪不出时间和孩子相处，这实在是件很悲哀的现实。

现在有很多年轻人——有些年轻得让人难以相信，染上麻醉药物、酗酒等一些不良的习惯，这已经是令人见怪不怪的事实了。当然还有的人放弃了学业，放弃了未来，想到没有人关心他们，他们也是无可奈何。但一定也有许多成功的人士，却希望时光能够倒流，让自己重新再来过，好拾回已失去的一切！

在这个世界上，我认为带孩子去钓鱼是一件千万不能忽视的事情。这应该从他小时候就开始！目的当然并不在于钓到多少鱼，而是和孩子一同度过的时光。这些共处的美好经验可以使你们彼此产生深厚的感情，而这份感情会成为你在痛苦时唯一的希望。

年轻人是人生中最喜欢刺激的时代。当你驾着独木舟经过激流，或者在16岁时就开汽车时，我总是这样来安慰自己，不过，你的——当然还有我的——冒险行为，总是让你可怜的母亲吓得险些晕倒！

工作之外的业余爱好也非常重要，如果不让头脑适当地休息、轻松一下，就不能有效率地工作；如果一天24小时都惦记着工作，那你迟早会累倒的。

所谓保持生活的平衡，就是善于利用休息时间做自己喜欢做的事，譬如运动——你最拿手的网球，最能松弛紧张的神经，保持强健的体魄，或者和家人共度快乐时光。如此一来，想要破坏一直保持生活平衡的人，应该是一件十分困难的事了。因为你的工作态度是合理的、健全的，最重要的是，你的头脑里没有被那些琐碎的小事塞满。

有些人虽然身居要位，却总是有"高处不胜寒"的感觉。其实，真正的原因在于你以什么样的心情去面对员工和客户，还有在你走向成功的顶点的途中，是否抛弃了朋友。我实在无法了解这种大人物的心理，权力让他们自我膨胀，变得自大，大得眼里再也容不下其他的人、事和物，当然他就会感到孤独了。这种人或许会认为他是在为家人、为全人类谋幸福，从而牺牲了自我。但我倒认为他们只是在为自己而活。我认为这种大人物的心态不值得提倡，希望你也不要被他们的光环迷惑，以致迷了你智慧的双眼。我心目中的成功者，应该是：面对问题能够做理智的交流、能结交各类朋友、能保持良好的身心健康、同时又是信守中庸的人。这种大人物才值得我们敬仰。

你一定知道，你将成为公司的真正领导人。大多数的家族企业，或者非家族企业的公司，都习惯性地先晋升自己的家人。有许多董事长，正是因为他们有对家庭的强烈的义务感和责任心才坐到了领导人的职位。

为了使你的经济收入具有稳定性，也为了预防我突然死亡，在我的内心，包括每年都要修改的遗嘱中，公司的继承人我早就选定了。而且，正是因为看中了你的努力以及你储存的知识量，正是这些为你赢得了那个令人注目的地位和名誉。

威廉·华兹华斯有句诗："做个明朗地回顾昨日，并能掌握明日的人。"

我以这句诗作为我个人对你的资质的评价，最后，我必须再附加一句：

我对你有足够的信心！

你的父亲
约翰·皮尔庞特·摩根

第十七封信　警惕你的野心

亲爱的小约翰：

　　只要是事业心强的人，都希望把他的事业发展壮大，特别是像你这样的雄心勃勃的青年人更是如此。你希望扩大事业，你的这种大胆的想法我是很能理解的，也很佩服你的胆量，也十分欣赏你的勇气。可是，在做任何事之前，你都应该制订出妥善的方案，并且更要注意切合实际，一定要做到量力而行。

　　说实话，看完你那份要把事业扩大75%的方案后，对于你这样的大手笔，让我十分的激动。想想看，你进入到这个行业，仅仅只不过有3年的经历，就这方面来看，这肯定是一项颇具魄力的大计划。为了这个公司，你利用了你的创造力，设计出的前景极富野心。可是，我还是无法了解你对这项计划有什么依据，以及，你对于这种展望的动机到底是什么？因为，我们公司现在的业务并没有达到100%的发展，只是以80%～90%的发展去工作。实际上，我们的事业，并没有到达一定要扩大不可的地步。虽然，我们公司能比以往提高120%的生产力，可是，如果我没有记错的话，在这之前，即使你用最大的努力去销售，公司也只有两次机会可以让生产力达到这种程度。

　　照你的观点来看，你觉得我们的竞争对手之所以能够大量承接订单的原因在于，是因为他们有我们所没有的设备。这件事我不想和你争论，可是，我对那家竞争公司或多或少还是有些认识的。我的看法是：第一，该公司提供了我们公司所没有的一些服务,在这一点上,他们的经营方案和我们完全不相同。我们公司不提供那些服务的原因,就是因为我们不愿意去尝试某种包装。想要接大量的订单,首先,我们必须新开发出大量的订单,否则,那就很不合算。所以,像那些特制品,我并不羡慕竞争同行的设备以及他们为此所作的投资。因为,就算对方的销售量能够一直维持着现在的水平,却别期望销售量可以进一步地继续增加。毕竟,我们的客户对于所贩卖新产品的包装种类,已经更加仔细地比较过了,按照我们目前所能够生产的产品,有34种,而不能生产的产品有14种,所以,从目前的情况看来,这种生产比率在业界已经算是很不错了。

我们公司近几年的业绩,按每年大概将近30%的比率在增长。我想,对于这一点,我们已经用尽了全力了。要做到让任何一位有能力的企业家都有用武之地,拥有一定程度的野心固然是很必要的,可是,如果因此而步入贪婪的战场,那将是一件十分可悲的事!

由于受许多条件的限制,现在,我们依然无法做到用更迅捷的速度来扩展我们的事业。即使为此你埋怨我是一位超级保守者、懦弱者,我也还是希望你能够以一名董事长的立场——暂且脱离销售的立场,设身处地地、冷静地检讨一下现在的问题。即使目前我们现在拥有十分乐观的成长率,但如果要增添新设备以及扩充工厂,也会把银行最大限度借贷来的资金,甚至连税后的盈余,都统统消耗殆尽。一想到银行中的巨额债务在逐年增加,你还能说我们在商场中已经是站稳脚跟了吗?而即使是偿还借贷和支付利息,也还需要好几年的时间吧!所以,我希望你在销售部门中,千万不要停止划动手中的船桨,一定要努力再努力,让我们事业的帆船能顺利地一直前进,前进,再前进。

就算在资金方面,没有什么障碍会阻碍到我们,你能够借到足够的资金,但是,为了确保我们的产品的质量能维持从前一贯的高水平,你肯定还会面临着更多的问题——如训练新进的职员。你一定不会忘记,你在进公司第一天时,我们两个人单独的谈话吧。我曾一再向你强调,公司成功的背后,蕴藏着很多因素。其中最大的因素,就是必须具备工作调度者、机械工、领班以及能干的一般职员。如果缺少了其中的任何一项,你将使我,也将使你自己,只要在半年的时间内就会变得一无所有。

我们公司在去年增加了15%的员工,而这些新进的员工大多都没有从业的经验。由于我们这一行有经验的员工比较少见,所以,对于那些用各种各样的理由辞去在其他公司的工作,跳槽到我们这里的员工,你一定要提高警觉,以防他居心叵测。如果,他们只是因为不满竞争同行剥削劳动力,这才到我们公司来工作的话,应该不会只有一两个人吧!所以依我来看,他们很可能还会有其他的原因,而在原来的公司已经无法继续待下去了。所以,凡是进入本公司的职员,最好从一开始,就按照我们的方式去训练他们。要知道,极其困难的事就是让一条老狗去学习新方法,而这其中所需的费用也会相当可观。

当今的社会,成长与进步都是从不会间断的,然而,却有些比较保守的企业家。在他们心里,总以为只要所开发的新项目,能够产生实际利润之后,他们便认为最艰苦、最危险的时期已经成为过去,他们也因此克服了偿还债务以及创业时所带来的所有烦恼。即使失去了大笔的订单和某些重要的职员,甚至于整批产品都被退了回来,他们也以为他们的公司也不会因此而遭受到致命性的打击。他们自以为已经到了这种地步,已经可以稳坐泰山了。他们总认为,既然事业已进入水平飞行的阶段,实在不用再继续扩展了,因为就算遭遇上述的一两个危机,公司也不会就此垮掉,所以,只管放心、安稳、舒适地坐着就行了。

凡是要扩充大规模的事业,可以说,几乎就是要从头做起。所以,想要使扩大的事业步入正常的轨道,开拓新客户是必不可少的;然而,为了支付扩充所需的费用,以及伴随而来的各种意想不到的问题,一定要从扩大的事业中,赚取非常高额的利润才行。而有些企业家采取的做法,就是绝不能让公司承担一丝风险,他们想要的是在平稳中追求成长。为了达到这样一个目的,抑制野心的严格的自制力是一定不能少的,以及我所说的"勿贪得无厌"的原则。

很不幸的是,事实上,有一些企业家就是因为盲目地扩大事业,所以输得一文不剩。也许，对此你感到很意外，但是毕竟，具有东山再起的魄力、耐力，或者财力的人，实在是少得不能再少了。或许，这就是贷款人对于此倒霉者的判断力所给予的警戒吧！

在我看来，依照公司一贯的方针，按照不勉强自己、银行也能放心贷款的速度去追求成长，才是明智之举。如果，只是为了与竞争对手一较高下而盲目扩充事业，这就太冒险了点——你应该知道，我可不是一个很容易害怕的人。因为，我们如果想以相同的产品，对抗他们的特制品，自然无法跟人家竞争。事实上，我们应该以自己的特制品，从同行的竞争对手中获得订单，而公司也要有办法应付这种订单。

所以，约翰，将你的销售创意朝这个方向发展怎么样？那么我将毫无怨言地为此而加班，为你所取得的所有订单而尽一切力量，以保证合同规定的交货期限。同时，我还可以保证，生产部门也必定会一如既往地生产高质量的产品，使你的新客户不断地把他们的订单给我们。如果这样，我们只需按目前80%～90%的能力去工作，便能够应付自如了。

年轻人应该有创意，我盼望能够听到你更多的创意。至于你想让公司的这班列车，以超出原来120%的速度疾驶，我不反对什么，我只希望前途一路顺畅，因为，一旦脱轨，后果将是不堪设想的。

你的父亲
约翰·皮尔庞特·摩根

第十八封信　做个成功的领导者

亲爱的小约翰：

恭喜你被同行们推荐为会长。像你这么年轻就能从众多优秀的会员中被选出来，这充分说明了你具有出众的才华，我从内心为有你这个儿子而感到骄傲。这对你自己来说当然是一件很光荣的事，你现在一定很高兴，可是看起来你显得却有点忧郁。

要带领这样大的团体，你因为自己太年轻，难免会有不踏实的心情，这并不奇怪。我想对你说的是，前任会长比你年龄大了许多，但这并不能说明你就不能成为一名优秀的领导者。因为他只不过是业界朋友捧场捧出来的，事实上在他的任期内，也很无奈地做出了很多对业界不利的事情。而以你目前在公司的地位，工作量本来就已经够大了，公司里的工作又一点儿都马虎不得。但我觉得，如果你因为自己的年龄而感到不踏实甚至不安，这倒是完全没有必要的。你要明白的是你能够从这一职位中得到其他地方得不到的经验。实际上，越是年轻，就越是能做好工作。因为，年轻本身就是一种力量，年轻更是一种资本，而这正是你接受大量工作考验的最佳时机，因为你丰富的精力以及坚强的意志是没有人可以比得上的。

有不少人认为，领导者是天生的，他生来就具备有领导才能，这样的例子在古今中外的确有很多，可是你更要记住，通过刻苦学习最后成为领导者的人也绝不在少数。只要你肯下苦功学习，你就能成为一名优秀的会计师或者医生、护士或印第安酋长——只要你想。

一名优秀的领导者，首先要善于与人沟通，要做到能和每个人都能保持着很亲密的关系，能让别人跟着你干，能主动配合你的工作。另外你还要以你敏锐的思考力，想出切实可行的方法来。同时还要找出能大胆依靠而又有革新思想的人来帮助你，这一点很重要；其次，碰到问题时你要善于抓住问题的核心，你可以先把问题全部列出来，并附上这些问题存在的背景。然后在一两天内，把相关的人召集起来，对问题一一进行透彻的讨论。开过这样的会后，你就能将原本可能还很模糊的概念使其清晰起来，然后你再以此整理出一种战略和想法，再过两三天你就可以归纳出如何处理的先后顺序了。

接下来，领导者要以雷厉风行的态度，站在同辈前头。在实行计划时，你要按你设计好的顺序去分配工作，要选出最适合的人来担任这些任务。别忘了，设置一个计划特别委员会来进行专项管理是非常有必要的。如果你没有注意而忽视了这一点，你就有可能会遭到失败。

这个委员会最重要的岗位当然是委员长了。委员长这个职位谁都喜欢，可是大多数人并不能胜任这个职位。无论多么天才的领导者都不可避免会犯错误，但我们不能像躲避传染病那样去躲避它。但是，当你发觉到自己犯了错误时，应该当机立断去改正。

如果有谁以忙碌为借口，而对同行业内团体不重视，你就应该明明白白地告诉他，同时要用委婉的办法免去他的职务——如果他能主动辞职则当然更好。

你在挑选委员会的人选时，应该特别重视对方的经验，如果你能幸运地聘请到那些经验丰富的人，将他们安置到适合他的重要的位置上，那么，你的计划就能顺利地完成。即使你在遇到困境时，他们也会帮助你。我以一个做父亲的偏爱，认为你一定会成为一名优秀的领导者。

你说话时一定要深思熟虑再开口——话不要说得太多；但对该做的事情，一定要认真地做下去。这样你就不仅不会输给别人，而且还会树立很高的威信。

将来你免不了会面临很多的困难，你也许会想：这些问题可以叫查理去做，也可以叫弗里特去做，或者让乔治做也可以。我劝你一定要放弃这种想法，解决问题当然应该靠大家一起商量。但你也要分清每个人的责任范围，不管多么困难的事，应该由你来下决定，断断不可推给特别委员会的委员长。前面我已经给你说过，遇到问题首先要抓住问题的核心，充分了解每一件事的方方面面，而且不管哪一件事情的最后决定权，都要由你进行最终的裁决——当然经过你同意也行。你有时候又不得不拒绝别人的意见。你如果想做一位有责任感的领导者，就不可避免地要面对这种尴尬情况的发生。

你或许会遇到难以想象的惨败，失败其实并不可怕，因为我们可以从失败中积累出很多宝贵的经验，这是在成功的过程中所无法体验的。也许你会认为当着所有的人承认失败，那是一件非常可耻的事，甚至想到就此不做了，去重新从事以前没有责任的岗位。一个领导者的成功与失败，就在这一刻决定了——遇到失败能否有勇气坚持下去。

遭遇失败时，你首先要找出失败的原因，对这些原因加以说明。其次要有责任感，绝不能遇到问题把自己藏起来；更不可就此气馁——向别人请求怜悯绝对不能也不应该是一个领导者应该做的事。最重要的是你千万不要因此而丢掉你的勇气。即使面对失败，你仍然要认真地实施计划，要尽自己最大的努力，这才是一个优秀而且合格的领导者所应该具备的品质。

你如果希望大家都把你视为领导者，就一定要让你的团队能够按照你的意志而行动。切记，作为领导者，一定要率先行动，才能够领导别人，一旦你停了下来，别人也会跟着停下来。你本身的行为，决定着公司所有的员工能否充分发挥各自的能力。

任何问题都有两面性，所以，必须用两只耳朵去听。我们大部分的人都不可能看得清每个问题的所有角度。但是如果把一只耳朵或思想堵塞起来，对事情就会有一个先入为主的看法，那么他就不可能成为一名优秀的领导者。

你作为会长，面对每一个提案，都要尽量做到公平处理。这就要求你必须了解并把握全部的事实，只有在你全盘了解之后，你才能果断地处理它。

领导者还必须很有耐性地参加各项会议，而且细心地发问，这样你才能发现问题并作出非常妥当的决定。遇到困难时你首先要鼓起勇气，全力以赴，而决定一旦作出时，你心中就会涌出一种成就感。当然，如果情况发生了变化，你也应该有勇气去改变原来自己所作出的决定，并且充满自信干下去。这才是优秀领导者应有的特质。

当了会长之后，你肯定会将大部分的自由时间投入到工作中去，这不可避免地会影响到你对朋友和家人的感情。我建议你不妨这样做：设法抽出时间带你的太太外出吃野餐，然后把情况向她说明。

的确，来自朋友的夸赞是一件令人感到骄傲的事。而更重要的是你在碰到困难时敢于向困难挑战。在克服困难以后所得到的成就感，会让你觉得你这次任务的完成特别有意义。

你做会长做得成功与否，可由一件事表现出来，那就是在你任期满了以后，你所进行的规划，你的继任者是否会继续做下去。

另外，如果同事们拼命地夸奖你的能力时，你应该谦虚地对他们的夸奖表示感谢，一个人真正的性格，往往会在接受别人的赞美中表现出来。

如今，你已经把大部分的时间都花在公司里，又为了行业的发展做了很多没有报酬的工作。但是，一旦你卸去会长的那一天，当你重又回到董事长的位置上时，我相信即使把你的薪水增加20%，你肯定还是会有失落感。因为，在你当会长期间所获得的经验收获，以及你所获得的处理信息的能力和人际关系，还有对行业的全盘了解，这些才是你担任会长期间所得到的最大的报酬，这是再多的薪水也无法替代的人生财富，更是具有薪水无法比拟的价值。同时，作为优秀会长所带来的成就感也是董事长这个职位无论如何也无法给予你的。

你的父亲
约翰·皮尔庞特·摩根

第十九封信　让你的演讲魅力四射

亲爱的小约翰：

听说你的母校邀请你返校，为你年轻的学弟学妹——那些即将踏入社会的应届毕业生作报告，为此连我都感到很荣幸。我从内心里为你感到骄傲。我想在你读大学期间，一定很受教授们喜爱——这从你当时在校时的成绩单上就可以看出来，而我却很惭愧远不如你。

我能想象得到，你在刚收到这份邀请书时，心里是不是一定很得意？不过，现在当你的心情平静下来以后，你是不是又对这项光荣的任务感到忐忑不安呢？

我不知道在你踏上社会以后，对于企业的看法，与你读大学时的看法是不是有什么不一样的地方？这种亲身体验所带来的变化是不是能成为你的个人财产，我却无法得知。但我却记得你曾经说过："原来我压根儿没有想到会在父亲这样难缠的老板手下工作。"我在这里要特别提醒你的是，其实世上绝大多数的上司都是令人讨厌的。这一点很重要，可能是现在还在校园读书的很多大学生们从没有想到过的，所以你可以把这一观点告诉他们。

演讲能体现一个人的综合能力，你在这方面做到哪种程度，我不敢肯定。但我知道你具备了一个优秀演讲者所必需的几项最基本的要素：

第一，一张能言善辩的嘴巴；

第二，一副冷静而睿智的头脑；

第三，一双强壮结实的腿——至少上次看见你时，你是如此。

首先，我们来谈一谈嘴巴。谁都知道，人人都能张口讲话，但怎么把话说得既得体又漂亮，却不是一件简单的事。发音要有技巧，咬字应该清晰，用词遣字更是必须简单易懂，这些都是需要经过长久的练习才能达到的。但是，有些人从表面上看，这些条件都具备了，但是唯独内容上，却不敢恭维，因为他使听众听了后感觉不知讲的究竟是些什么。所以，内容是否得当？音量是否适中？发音是否正确？主题是否鲜明？这方方面面都要兼顾得到。

你首先要尽快拟好演讲稿，因为接下来的练习会占去你很多时间。你可以把你的演讲稿给一些相关的人看，请他们帮你修改某些不妥当或不准确的地方，这样经过几次的推敲琢磨，你的演讲稿就可以定稿了，接着再进行演讲练习。你可以站在你的办公桌前，或者是寝室的化妆镜前练习。不管你以什么代替麦克风，但距离都不应该超过 6 英尺——最多 8 英尺，否则你的声音就像是扯铃，一下高一下低，忽然偏左忽然偏右，很难让听众听得清。另外，你要把身体的重心，平均分配在两腿上，身体不要左右摇动，以免分散了听众的注意力。因为作为听众，他们希望能听清楚你的每一句话，因为他们相信这是一场很精彩的演讲。

但是，一个真正高明的演讲者，其实是有秘诀的，那就是要控制好呼吸。开讲前，先作一次深呼吸，演讲时要把完整的话语连贯地从头到尾说完，不要突然中断，以免失去了语句的完整性，当然也不要说得上气不接下气。特别要注意的是，不要使用太多且是无关紧要的修饰句，语句要尽可能地简洁，要做到一气呵成。你如果要想让这次的演讲获得成功，就应该多做练习，并且要想到一些小细节，免得临时发生某些你意想不到的让你难堪的小差错。

虽然练习是必需的，但你要记住，在自己家里练习和在大庭广众面前正式演讲，是有着根本上的区别的——除非那些天生的演讲家。演讲刚开始时，你的神经一定很紧张，你全身的神经也会绷得很紧，但是你也不必太担心，因为这种紧张的情绪，会随着你经验的累积而渐渐减轻变得淡薄。现在你要做好的事，就是练习调整呼吸、集中精神。在这一方面，我也没有很好的更多的经验可以传授给你。总之，你如果想做好演讲，除了多做练习，多参加几次演讲外，别无他法。

我们公司有一项讨论会，每次都会推派一位主持人负责简报，这是最为行之有效的练习演讲的场合。在这样的讨论会上，每个人都可以把自己训练成演讲高手。所有参加演讲的人，都是抱着与你相同的目的——训练自己的口才。在那里多练习几次，上台时才能做到开口时从容不迫，并且可以把曾经有过的恐惧心理全部克服掉。

很多人都与你一样有着一个相同的疑问，为什么我们在众人面前讲话，会变得如此紧张呢？我想这种反应只是在告诉我们，我们只不过是个平凡的人；所以，当一个平凡的人站在讲台上，鼻尖对着的只有一只麦克风，而所有的灯光却都打在你身上，当你面对着几百双期待的眼睛时，有紧张的感觉这是很难免的。不过，下面的几个方法或许可以帮助你克服这些紧张的情绪。

第一，将双手放在讲台两端，这样做的目的是可以抑制双膝的颤动和快速的心跳。这个简单的动作会产生你意想不到的效果。

第二，你可以想象，下面所有的听众，都是赶来听你倾诉的朋友，事实上，他们就是特地来听你演讲的；另外，还有一个小诀窍，就是你试试把注意力集中在其中某一个人身上。

第三，除了上述几点以外，记得我从前的一位朋友曾经这样说过："如果你在事前做了充分的准备、写好了无懈可击的草稿、有着丰富而翔实的内容，你就可以充满自信地站在讲台前，紧张的心情自然减至最低。"只有经过几次锻炼后，你再演讲自然就不会感到紧张了。至于演讲完后，你所要做的就是等着听那些你浑身起鸡皮疙瘩的恭维话了，这些恭维话是每个演讲者都会遇到的，这也是正常的甚至是你应当得到的回报。到这个时候，你已经成功地跨越了演讲者一开始都会有的障碍，每个来听演讲的人，都是特地来聆听你的演讲，以便从中汲取你的经验和见解，这时你会有一种教化他人的成就感,这种感觉就是每个喜好演讲的人的最高目标。

对于每一个熟谙演讲的人,绝不会说一些引起听众反感的话。相反,他一定会尽一切可能让他的听众明白,他是和大家站在同一条战线上的人,所以他会对听众的关心和支持表示敬意。他必须在一开始就给听众留下这样的印象,并且在接下去的时间内,一直用这样的办法牢牢地抓住听众的心,直到演讲结束。

至于你抓不抓得住听众的心,这是很容易感觉得到的,如果他们连一声咳嗽声都没有,并且两眼目不转睛地盯着你,这就是表示你成功了。如果一直有人在咳嗽,或者互相窃窃私语,或者不断地翻书,那么你就是再没有头脑,也应该懂得,听众对你的演讲已经感到索然无味。到了这个时候,你必须重新检查自己的努力是否足够,并分析其中失败的原因。

如果你的演讲特别成功,听众的反应也是特别热烈,你一定会感到万分的兴奋;相反如果你的演讲不尽如人意,那么你就会觉得非常的沮丧。两种结果截然不同,造成它们的原因,就在于你的事前准备工作做得如何。

其实,人生所有的事情,这个原则都适用。

一名成功的演讲者,就是能让听众在恰当的时机里参与进去。而在演讲的过程中,他们总是想方设法哪怕挤出点时间,也要鼓励听众提出自己的看法。这样一来,他不仅仅是可以了解到听众有些什么样的看法,而且还可以通过和他们交流,相互间增加彼此的见闻。更重要的是,可以借此机会,了解到听众对自己的见解究竟能接受多少。

大多数的听众都希望能通过你的演讲从中学到很多新东西,而你要保证的是他们在听完演讲后,也确实感到得到了他们所希望的结果。事实上,一个人从他人的经验中学习,是一种非常有效的学习方式。所以,我们有时应该多听听别人的演讲,这也是学习的一种好途径。所以,当你兴高采烈地接受了母校的演讲邀请后,一定要先做好妥善的准备,去完成一场漂亮而成功的演讲盛会。

  父亲能够给你的建议也只有这些,其余的就要靠你去慢慢地体会,认真地准备了。我预祝你的演讲取得圆满成功。

你的父亲
约翰·皮尔庞特·摩根

第二十封信　谦虚谨慎，日省吾身

亲爱的小约翰：

我感觉得到，你和我们的对手之间的裂痕似乎在逐渐加深了。在残酷的商场上，打击你的对手是难以避免的事，这也是适者生存的竞争法则。可是，有时候也不要做得太过分了，要给人留下余地。另外，即使是打击对手，也要合情、合理、合法，虽然商业上相互竞争往往是不择手段的，但如果要使企业具有长久的生命力，有的原则还是该坚持就要坚持的。

一个企业如果在商场上树敌太多，一旦被对手群起而攻之，即使你再强大，也难保最后不被别人挤垮的命运。那么，你要怎么做才能在商战中避免树立仇敌，以免遭受不必要的报复，这是我想说的第一个问题。以我多年办企业的经验，我认为最重要的是谦虚和自信。也就是说，避免树敌的第一点是要"虚心"，中国有句名言："虚怀若谷，方能容纳百川。"

我知道你有不少值得骄傲的地方，这一点我也很高兴。但是，你对自己很有自信心这一点虽然重要，但这个自信心必须建立在谦虚的基础上。你在执行自己的计划时，当然应该有自信，但是这个自信心只有建立在谦虚的信心上，才能变成有成就的信念，才能把你引向成功。做事失败的人，往往是过分自大而不知谦虚，以至于不知不觉间陷入了固执己见、故步自封的尴尬境地。

这样的情形，越是处于高位的人，越是要特别注意。因为正是处于高位的人，才很难有人纠正他，这时你只有自己靠自己了，你要经常警惕自己是不是能保持住谦虚的心胸。你只有这么想，你才会明白，你并不是因为自己的地位比别人高，而是因为你比别人更有能力。如果你觉得自己的某个部下能力不行，那么你就缺少了那一种谦虚的胸襟。所以，即使你发现你的某个部下什么都不如你，但只要你是用谦虚的眼光去看他，你就会慢慢发现他的长处。这样，一旦部下有什么合理的建议，你也能欣然接受。只有这样群策群力，才能发挥出团队精神，而更有利于企业的发展。

作为领导，你要善于采纳别人的意见，如果你把员工的意见当作"废话"，可能你们之间的谈话就进行不下去了，只能到此为止。可是如果相反，你认为他的话"有道理"，就能鼓励他多提建议，这样就能纠正自己的不足，防止自己犯错误。所以，即使是很普通的员工，有时候也会触动灵感而获得新的想法，这可能会对自己有帮助，也许你的建议只是一件小事，但是这往往是很多人生或事业上成功的关键，有时候成功就发生在这类小事情上。

一个企业家，在经营公司时，当他看到其他的公司时，也许会觉得别人"经营得不错"。如果你这样想，你就应该去吸取对方的经营方法，用来发展自己的公司。你也可以诚恳地去请教他，对于虚心求教的人，除非商业机密，对方一般都会认真地告诉你的。

不管做什么事情，"虚心"这一点很重要。但虚心并不是要你自己毫无主见，让人牵着鼻子走。一方面你要坚持"主观性""自主性"，另一方面要虚心接受他人的意见。只有这样才能走向成功的道路。

能虚心听取别人的意见，能真诚地去请教他人的建议，才能集思广益。这样做比一个人独自在黑暗四处摸索要好得多。不少人刚开始做生意的时候，可以说是什么都不懂。即使开发了某件新产品，他也往往不知道该去怎么样定价。这时候他最简单的办法就是跑到零售商那里去请教，因为他不知道如何给商品定合适的价钱，而只有经常与消费者打交道的零售商们最清楚这一点。他可以到零售商那里去，拿出他的新产品，问零售商们："像这样的东西应该卖多少钱？"而零售商们也都会乐意地告诉他行情。如果照这样去做，一般不容易犯错误，并且又不用付学费，更不用伤脑筋，你说还有什么做法比这个更划算的呢？

希望你能培养出这种"虚心"的精神，也只有能够虚心接受别人的意见，同时又能虚心向别人学习的人，才能离成功越来越近。

这封信我要告诉你的是第二个重点：作为企业家，在管理中运用一定的手腕固然很重要，但更重要的是高洁、无私的人格。只有这种人格才能使员工深受感动而愿意毫无保留地奉献自己。知识和手腕虽然都很重要，但更要注意的是明白什么才是人生正确的基础，只有大公无私才是最重要的。从这点来看，那就是要有"爱心"。

谁都认为只有自己才是最重要的，这种感情十分自然也很好理解。但是如果这种感情被私心蒙蔽，也就是被个人的利害或感情左右，就很容易出现判断错误，从而很难产生顽强的信念。要想不被私心蒙蔽，必须要仔细考虑什么是对的，什么才是该做的，只有这样做才能产生正确的判断力、坚强的信念及勇气。

因此，我希望你对自己要有严格的要求，并且要毫无私心地考虑事情，用这些来磨炼自己的人格，只有这些才是你要达到的目标。企业家应该怀有宽广的胸襟，并且以正义作为前提，这样做不仅能尽到一个企业对社会应尽的责任，也能使员工心服口服。

一个企业，就好比是一串念珠，而串联念珠的丝带，就是企业精神，也就是为社会创造财富的精神。一串念珠如果没了这条丝带，珠子就会散落一地。而企业的发展中如果缺乏了这种精神，就无法给企业带来长久发展的生命力。企业的责任就是为社会带来财富或生产物品，那么就必须生产出最优秀的产品，来满足社会的需要，从而达到消除国家和人民的贫困，使每个人生活更富足、更幸福、快乐，这样才能算是完成了企业的发展目标与社会使命。企业以经营谋取合理的利润和为社会创造财富，虽然有着物质上和精神上的差别，但对于改善人类生活质量这一目标应该是完全一致的。

同时，企业家为了完成企业发展的使命，必须要操纵很多员工为企业工作，这些员工也有权利要求从工作中体会到劳动所带来的幸福和快乐。

因此，企业家除了促使社会的发展和繁荣外，还必须使你的员工们感到满足和快乐，如果缺少这种满足和快乐，仅靠职位和权力来指使员工，那么很难获得员工们真诚的合作。

但是，一个具有爱心的企业家一旦发现某个员工有不良行为时，必须果断地纠正他。如果为了顾及私人感情，故意为他隐匿并且不肯处分他，那就是曲解了爱心的真谛，到头来只会是害了你这个员工，这就是滥用了爱心。因此，凡事必须以全局作为前提，该处罚时必须处罚，该奖励时同样应该大胆奖励，这才算是真正了解了爱心的真正含义。

作为一名企业的管理者，懂得爱心，自然能竭尽全力地去爱护自己的员工，而员工们在了解了上司的心意后，即使因为犯了错误而受到惩罚，也能口服心服，这样才能在惩罚中学习到如何做人、如何处世的正确方法。所以，要想成为受到员工们内心尊重的企业家，爱心是不可缺少的重要条件。

我是经历了许多的坎坷和艰辛，才获得了今天的成功和辉煌。我是这样认为的：我这一生，重大的失败已经经历过，而说起小的失败，那可以说是天天都有，甚至是每时每刻都有。不过，这些都如过眼烟云，已经消逝得无影无踪了。

人生的失败，起因往往是那种想要炫耀自己的心理。因为任何人都会有理想，也可以说是梦想，但其中不可否认也存在着骄傲。想对社会对大众夸耀自己的成就，这种心理不管到多大岁数都还是或多或少总会有一些的。不管指的是个人的工作范围，还是公司的工作范围，或者国家的工作范围，我认为人生的失败，基本上是因为炫耀而发生的。

任何人，在境况凄惨的时候不必独自悲处、向天哀叹，而在春风得意的时候也不必狂妄自大、藐视别人。尤其是在受到热情高呼、群情激动地奉承你的时候，千万要从忘乎所以的危险中跑出来，踏踏实实地行走。

成功了，很容易使人陶醉，而陶醉的后果就是很容易因此出乱子了。防止失败的最好方法，就是不断地反省、检讨自己的言行。世事难料，因此总会有很多与愿望相违的事情发生。

为什么会有这样的情况发生呢？绝大多数都是由于对自己认识不够，缺少反省的缘故。

不管是公司还是商店或者是个人，都希望自己的事业能够得到长足发展。如果某项产品、某件事情干砸了，当然这种事与愿违的情况的发生，并没有其他的原因，关键就在于是自己对所做的判断发生了误差。

如果缺乏自我分析及自我检查，只是不断陶醉在自己增加的力量之中，甚至过高地估计了自己的实力，这些都会引起失败。这种"事与愿违"的情形，原因就在于行动之前没有做好自我反省的工作。

那么，你在这样的情况下究竟该怎么做呢？我认为，在推出新产品时，要先详细检讨衡量一下自己有没有做成功这件事的实力。如果是力不从心，就应该放弃这件事。

如果对于这件事你确实很想做，而自己的实力又确实不够，这时的关键就变成你如何去弥补实力不足的地方了。如果是在资金方面，就去和银行商量，设法取得贷款。如果是技术不够，就去广泛地征求技术人员。国内找不到，就应该向国外找，一直到找到为止。

寻找技术，一般都要付出相当高的代价。但如果代价太高，虽然你很需要这种技术，也不应该勉强做。因为代价实在太高太不划算。所以目标虽然可以进行，但现在还是不要做为好。

我们的一生，可以说就是在这样不断的反省中前进过来的，对此，有的来自于自身体会，也有些来自别人的教训。我认为大多数公司就是这样，是在不断地反省自己中经营下去的，我也是一直采用的此种方法，所以才获得了今天的成功。

你的父亲
约翰·皮尔庞特·摩根

第二十一封信　批评的应对之道

亲爱的小约翰：

没有哪个人喜欢被别人批评，这是人的本性，谁也无法做到真正置身事外。从古至今，一概都是如此，所以，对于这个不争的事实，我们谁也不用去刻意地回避。

我知道，在上个星期，哈里批评指责了你，大概，你直到现在还是耿耿于怀吧？因为我在你的脸上看到写满了不满。对你来说，这个打击一定不小，所以，你现在的心情我完全能理解。虽然，哈里对你的批评与指责，也不一定完全都是对的。

但我明白，你的自尊心一定被他的批评与指责强烈地伤害了。

我希望你能明白一个道理，批评你的人，不一定就是发现你做错了什么事才批评你，也许，他是想借批评你而达到自己的某个目的！所以，我想，你必须搞清楚的是，批评你的人，到底是什么样的人。

每个人，不论他是谁，就算是真正的强者，其性格上也一定会有弱点。一般来说，凡是心胸狭窄的人，对周围事物都不会给予爱心和关心，也不会把眼光放得多么长远，他只是在一些芝麻大点儿的小事上斤斤计较。

根据我多年的经验，我觉得，几乎只有约百分之十的"批评"才有价值，其他大约百分之九十的批评，都混杂了如嫉妒、恶意、愚笨，甚至无礼的心态。但是，如果你不能仔细发现分清这一切，而只是一味地耿耿于怀，那就会错过许多本来能让自己进步的机会。所以，衡量"批评"的价值，就变得十分重要了。

对于那些百分之九十的不正确的评语，赶紧把它们统统都忘掉吧！因为，不公正的或者恶意中伤的批评，只会给你带来无谓的烦恼，甚至，会使你每晚都难以入眠，这对你是没有一点好处的！

一般来说，批评的杀伤力更甚于武器。所以，应对批评，你必须做到纯熟地去进行判断并且要判断准确，否则，如果不幸因此而陷入了对方所设的陷阱里，你将受到恶毒的侵袭，精神上也一定会受到伤害。在这里，我并不是想推翻所有的"批评"，善意而巧妙的批评，会使你受益匪浅，甚至，还可能改变你的一生！

建设性的批评，在方法上运用巧妙，会让被批评的人，在不知不觉中接受了它，而变成导入佳境的一剂良药；相反，如果不经过一番深思熟虑便轻率地批评他人，一定收不到预期的效果。你的批评，到底是建设性的，还是破坏性的？能不能让对方下定决心改正错误？或者反而刺伤了对方，使他感觉受挫？这些问题，在批评别人之前，你都应该认真地想一想！你身为公司的主管，更是要懂得如何巧妙地运用批评。如果你对下属所作的批评，不能够让他心服口服、改正错误，反而导致了他内心受到伤害、士气因此受挫、降低了工作效率，那么你的批评不但没有起到应有的理想的效果，而且，还会损失掉许多本不应失去的东西。所以，善用、巧用"批评"，是你不可推卸的义务！

人们一般都不会注意到，每一个人的心态与习惯都是各不相同的。就好像有些人，你可以把他比喻为蒲公英，而有些人却好像玫瑰一般美丽，你不可能对所有的人有同样的要求。比如，在同一个办公室里，有的人好静，而有的人好动；有的人积极，而有的人消极；有的人擅长这个，而有的人却擅长于那个。为了一个团体的整体效率，对那些消极的、被动的、不快乐的现象，你对他们提出批评那是必需的。但是，这个批评，一定要针对不同的人，做出各种不同的建设性的批评。一定要记住，只有经过一番深思熟虑后再批评他人的人，才是英明的领导。

上帝在赐予我们生命的同时，还赐予了我们薄薄的面皮、脆弱的心灵，一不小心，它们就会受到伤害。虽然批评者的出发点是那样的友善、中肯，但是，如果被批评者没有广阔的心胸，去接纳这些忠告似的批评，他的一生都会生活在沮丧与痛苦之中。这样的人，一心只是在思考着别人对自己的批评，却从不认真地思考，究竟应该怎样去更正自己的错误。

需要再三强调的是，聪明的批评者，一定要具备深思熟虑的思考及说话的技巧等必要条件，否则，一般人都不会接受你的批评，其结果是大家都会离你远远的。在公司里，凡是人人都厌恶的批评者，一定会受到大家无言的抵制，因而这样的结果是导致工作效率下降，这类人你千万得留意，防止这种人对公司造成更大的损失。

最近，有一种所谓"职务评价"的方法，在企业的经营管理界十分流行，其实这种方法就是把公司所有职员一个个叫到面前，然后，把他们在这一年中，在工作上的优劣得失都一个个通通数落出来。对于这种管理方法，我是非常反对的，这不仅涉及人类心理的问题，而且，这样做也是违反人性的。为什么呢？因为除了极少数心理上强的人能够接受外，一般人是很难接受的，特别是要在这么短的时间内，让一个人突然承受一箩筐的赞美，或者是一大堆的批评。

我认为，"职务评价"有些地方倒是可以每天都进行。比如对于公司的主要管理人员，他们每天的绩效如何，每天对他们进行考核那倒是应该的，以便于经常表扬他或批评他。至于惯常用的一年一度的大量的奖惩，它好像是学校的期末考试的成绩单，我认为，这个方式太过于公式化了，没什么实质上的意义，这种做法也是我不赞成的。如果，某个下属今天就感到疑惑，需要你及时的教导与指正，那么你又何必非等到三个月后的"评价日"才指出来呢？所以，我要再次提醒你，千万不要让本来今天就可以避免的错误拖延到第二天。况且，我深信，大量的批评和一点一滴的技巧性的批评，是绝对不可以相比的，只有这样，才能让员工心头的压力，或者是负担通通都放下，使他们轻装向着更有效率的生产目标靠近。

让我们暂时先放下这些一般性的问题，现在，来分析一下你现在的状况吧！你有没有冷静地思考过这些问题：那位批评你的人呢？他是不是属于根本不值得你在意的那些百分之九十的批评者？或者，他是属于那百分之十的建设性批评意见的提出者？他批评你的内容，仅仅是吹毛求疵，还是的确对你提出了有益的宝贵意见，还是不恰当的评语呢？答案如果是负面的，你和他进行一番沟通就显得很必要了，但是，一定不要丧失掉自己的自制力，否则，一切都将会功亏一篑。

亨利·汤姆林斯曾这样对人们发出忠告："切莫被批评之风击倒！"所有的批评，我们一定要小心地评估，并给予适当的回应。因为，"没有经过深思熟虑的批评就像城市里未经保养的下水道一样，随时都可能爆发危险。"

对于那些贴切而善意的批评，你一定要虚心接受；而对于那些不当而恶意的批评，你一定要驳回，千万不要默默地独自承受那些恶意中伤的批评者。

人的一生中，多多少少都免不了受人批评，或是批评他人。尤其是当你想好好地干一番事业的时候，更无可避免地会受到更多这样或者那样的批评。所以，趁你现在还年轻，好好学习批评的应付之道吧，这定将使你终生受益。

你的父亲
约翰·皮尔庞特·摩根

第二十二封信　关心、尊重与包容

亲爱的小约翰：

在经营企业的管理之中，要想当一个合格的企业家，一定要关心并尊重你的员工，如果以这个标准来衡量你的话，我觉得你不是一个合格的领导。特别是当我得知米勒先生离职的消息后，我感到非常的震惊和遗憾。因为，米勒先生实在是一位很难再找得到和不可多得的好职员，当初，在我经营公司的制造部门的时候，就发现米勒的脾气确实有些与别人都不相同，同时，我也发现并且有事实证明了他确实是一位非常不错的好职员。我想，你之所以很难与他相处下去，是不是和他怪异的脾气有关系？

要做一个好的企业领导，应该勇于发现和发掘不同性格的员工，然后，再根据他们的性格，科学地、合理地给他们安排相应的职位。这样，才能够最大限度地调动员工的积极性。有句名言：天下没有完全相同的两片树叶。同样，在芸芸众生之中，怎么会有两个人的想法是完全一样的呢？正如每个人的相貌各不相同一样，每个人的做事和处理事情的方法当然也会有所不同，造物主的神奇真是令我叹服。而更令人惊讶的是，虽然存在着这种差异，但丝毫也不影响我们相恋相爱、结婚生子、结交朋友、与人共事。

每个企业追求的都是效益和利润的最大化，但是，在追求利润和效益的同时，只有关心和尊重员工，才能充分发挥每一个员工的积极性。如果能这样做，企业的管理才能算是科学的、合理的。事实上，年纪稍长的那些相当成功的企业家和资本家，为了追求最大的利润和效益，大多数是有些疯狂的，特别是在宣扬民主的今天，然而暴君人数并没有减少什么。当然，我觉得，现在大多数企业家和资本家，他们的态度还是在慢慢地转变，这可能是因为现在的劳动力市场，具有更大的流动性，以及选择性了，员工们寻找工作的难度比之以前相对容易了很多——住在小镇的人另当别论。再加上由于阶层间的距离也在慢慢地缩小，财大气粗的雇主也越来越少，愿意接受工作束缚的贫穷的劳工也是越来越少了。

薪水，是员工离职的一个原因，但有些员工的离去并不完全是因为薪水的高低。有一些高薪的员工同样会离职，因为，除了薪水外，员工同样需要得到公司的尊重和认同。

所以，要想留住人才，尊重员工是非常重要的，否则，他们同样会离开我们的公司。现在，由于市场经济竞争的加剧，许多公司的领导人开始站在员工的角度上考虑问题，开始认真地考虑员工的感受，并慎重分析人们工作的动机是什么，尤其重视工作动机的顺序。根据最新的一项调查显示，金钱，仅仅只占工作动机的第七位。至于第一位，则是对工作的成就感。很明显，只有完成某件事情后所感受得到的成就感，才是辛勤工作的最大报酬。不过，我想，每一个人也都希望自己工作的成果，能够得到他人的肯定与认同。而目前很多经营者的最大缺点，就是不懂得称赞员工。

其实，关心和尊重员工，这笔投资付出得很少、收益却是很大很好，因为，你称赞一件值得你称赞的事，却不用你花费一分钱，但是，效果却是难以估计的好。称赞员工是一门很高深的学问，不是每个企业的管理者都能娴熟运用的。因为，当你在适当的时候，巧妙地称赞员工时，被称赞的员工，一定会觉得他的工作被领导认同了，他的工作价值也就得到了证明和承认，于是，因为辛勤的工作得到了认同，他们当然会更拼命地工作，想要表现得更好。由此，我们可以知道，把投资投到应有的赞赏上，将会获得多么大的收益。因此，赞赏，不仅仅是对员工成绩的肯定，更重要的是，还能够充分调动员工的积极性。

至于管理有缺点的员工，也必须客观地看到他的优点和缺点、工作能力以及团队精神，然后，再做一个公正的评价。我知道，约翰·米勒是位正直、勤勉的职员，这一点，是没有丝毫可以怀疑的。尽管他的行动和意见有一些与一般的人不同，但我却并不感到有什么奇怪的。只是，对于他的怪脾气，我还是作了一番深入的调查，因为，我担心他的这种怪脾气有可能会对企业造成业务上的损失。同时，我也留意了他四周的人事，以便更好地来了解实际的情形究竟怎么样，然后我这才发现，我们每一个人，多少都有各式各样的奇妙的习惯，可是，在我们每天见面时，却并不妨碍大家能够同心协力，并肩合作，使大家能成为一个良好的工作团体。当我们指责他人的性格"与众不同"时，一般说来，只不过是彼此的看法、想法、人生观和世界观有所差异罢了。再简单一点地说，也就是"不同的人，有不同的方法"而已。如果一定要勉强别人认同自己，这无疑是一件非常困难的事。

管理员工，应该有一套科学的管理办法，特别是管理某些有缺点的员工。作为企业的领导，在给他们安排工作的时候，必须结合该员工的具体的特点，所以，我们在与他人共事的时候，最好不要去触及那个人的内在习性，对于他人的怪脾气，也最好不要太介意，除非你想独来独往不与任何人打交道。可是，请你千万不要忘了这件事——再完美无瑕的职员，也不可能以你为中心，你所要重视的，是我们公司的业绩。至于谁一天擤一次、两次甚至千次的鼻涕，都不应该成为问题。除非因为他的这种习惯，会给其他的人带来不少的麻烦，或者是极端的怪异，否则，绝不可以因此成为让他不得不辞职的理由。

我们每做一件事，必须在通过深思熟虑后才去做，只有这样才能收到良好的效果，对一件事是如此，管理一个公司，则更是如此。管理好企业，不仅仅是管理好几个员工那么简单。在这里，我不得不很抱歉地告诉你，关于米勒先生辞职的这件事，我想，还有许多地方，你必须要多加学习。据你所说，似乎是他那种与众不同的性格，让你实在受不了。可是，我的孩子，我希望你能够认识到——我们经营的只是企业，对于性格的分析，我们并非专家。米勒先生在我们公司服务了10年，在这段时间，并没有其他职员向我反映对他有什么不满。因此，你应当好好地反省一下自己。

作为公司的领导，对于有些员工的个性，你应该花更多的时间去了解，这样，你才能够与他们和睦相处。你与米勒先生共事的时间，总共只不过是短短四个月而已，如果再多相处四个月，我相信你便会以善意的眼光看待他，并以不同的办法来处理这件事吧！

管理一个企业，不能以你的好恶标准，来衡量员工的好坏，更不能因为你个人的好恶标准，产生偏差，从而使得公司损失了一员大将！假如这些都是事实的话，那么，在你还没有将公司内的员工统统撵走之前，我一定要赶紧把你送到精神病院去。

企业的成本管理中就有员工的培训以及员工的工作熟练程度等方面的管理，特别是公司培训员工所要花费的费用，如果你不能管理好，并协调好你与员工的关系，你就是一个很不称职的领导。儿子，你可要知道，栽培一位职员，直到他能够熟练工作时为止，必须花掉多少时间与金钱？有些职务，甚至需要一笔相当可观的经费。如果你想将经营效率提高到最高的水准——虽然只有理论上有可行性，就势必要尽量减少员工离职的数量。刚刚被训练好的职员在还没有为公司作出什么贡献之前却不断地离职，这将使得公司所有的利益，会因为要进行员工培养而使经费消耗殆尽。所以，维持员工的士气，不仅有助于工作气氛的和谐，同时也是保证公司正常运行的必要条件。

一个特别优秀的企业，必定有它的一套不同一般的科学的管理体系，这其中也包括员工管理。因为一个公司的员工素质，是一个公司生存和发展的决定因素。

最后，你一定要记住了，经常考核部属们的工作业绩，特别是对于刚踏入公司的部属，一定要认真地评定他的工作表现，看他是不是符合我们所要求的标准。但是，对于为公司服务时间很长的部属，如果他们的工作业绩有下降的趋势，或是没有达到标准时，你更应当将此事在心里亮起一盏红灯，然后停下来反省一下自己。你要这样问自己：他的业绩为什么会降低呢？如果你自己没有什么疏失的话，那么，是不是在他业绩突然低落的背后，有不为人知的其他的因素呢？所以，不妨与他谈一谈，告诉他：现在的他大不如以前了。对于因此而产生的问题，是应该由你去改正呢？还是应该由他自己来解决问题？我们是不是应该对他伸出援手呢？挽回一位部属的工作效率，或许仅仅只需要花费一个小时的时间，可是收效之巨大，却往往出乎你的意料之外。想想看，你跟部属两个人一小时的薪资，加起来不过 50 美元左右，然而，训练一名接替米勒先生这样的合格人才，所要的费用却高达 5000 美元。

如果你能够尊重、关心你的员工，你才是一个合格的企业领导。管理员工和经营企业，相互间是不矛盾的，只有把二者都协调好了，这样，才不枉我长期以来对你的教诲。你要明白，员工是一项宝藏，千万不可以把他们看得如破铜烂铁。为了保护对员工所投注的庞大资金，我希望你能竭尽自己最大的努力，使每位员工，都能在完成工作最高目标之后，获得成就感。这样一来，在你自己完成任务的时候，必然也能深深地体会到那份成就与荣耀。而我，对于这些圆满结果所带来的利益，必将发出会心的一笑。

你的父亲
约翰·皮尔庞特·摩根

第二十三封信　困难，一点儿也不可怕

亲爱的小约翰：

　　企业解雇员工是一种没有办法的选择，特别是像解雇公司的总务部长这样的高管。我很清楚你因为这件事而十分烦恼。因为，你认为如果真要解雇他，会让其他的人感到绝望和痛苦。这种仁慈之心是一种好的品德，这表明了你有一颗宽厚、会为别人考虑的思想。我非常欣赏你的这种优点。

　　但是，请你一定要记住，公司的发展是每一个职员共同努力的结果，这是大家都公认并且谁都明白的道理。如果某个公司职员不能胜任他的工作，这对整个公司的发展来看，虽然还不至于产生无法挽回的严重的后果，但对公司里那些兢兢业业的员工和对公司的发展作出贡献的职员来讲，却很不公平。当然，对于那些不能胜任公司工作的人来讲，面对工作和现实所产生的压力，他的情绪必定会因此烦恼或者有一些痛苦的想法，这样他每个工作日都是陷于这种情绪之中而难以自拔，直到他下班回家。即使这样，他也绝对不可能一下子就把心中的这些苦恼和痛苦都忘得一干二净。

　　另一方面，繁忙的事务也会让他们感到难于应付。事实正是如此，对一些高层职员来说，令人羡慕的薪水与高位，这是人人都喜欢的。然而我们从另外一个角度来看问题，一旦他们处理问题的效率降低，他的生活也将随之陷入痛苦甚至处于挣扎的处境，由此他的生活会变得一片糟糕，我们自然会因此而慢慢地对他们失去了信心。

特别要引起注意的是，在公司中，某些职员的实际能力远远胜过他的职位，于是他对工作就会失去热情，就好比一位非常优秀的船员，当船驶进平静的海上时，他会觉得十分轻松。他会感到这种工作看起来虽然很体面、工作强度也不高，但却无法让人产生激情。这种职员在公司中，将会产生一种负面的影响，因为，他感觉每天从事的工作都是既乏味又没有趣味的事，因此，他总有一天会自行辞职的。

上面说的几种解雇职员的情况都很普遍但又具有典型性。当然，还有另外一种情形，那就是某些职员和周围的同事的关系总是处理不好。对公司来说，他对工作有很大的热情，但在同事之间，他却做不到和谐相处。这样的员工我也见过很多。这样的人也许会产生负面的作用，从而影响到他们的工作热情，使他们对做好自己的职责失去信心，觉得自己就像是挂在墙壁上的标语，让人一目了然，因而在内心会产生自卑心理。如果这种情况发生，首先要做的就是在那些值得信任的职员准备辞职之前，先解雇这个有负面影响的职员。

现在，还是让我们回到前面所说的问题上来。我觉得，你所要解雇的这位总务部长，你对他不管是升职还是降职，都不妥当。他的工作能力也许不错或者很强，但他的性格和精神面貌，常常会给人以不好的感觉。他经常把我们公司的工作内容随意公开，他认为他自己是不能容忍自己的自尊心受到伤害的，这其实是他对自己不负责任的一种表现！像这样的情形，常常给公司带来烦恼，也总是为这个难以解决的棘手问题而无奈，所以一拖再拖，一直拖到现在。我认为这是一种不思进取的思想在作怪。解雇一位职员，当然不是一件好事，可是你如果感到这件事不解决不行，却又因为顾及颜面而不好意思马上解决，那么就算给你再多的时间，你依然无法找到更好的解决办法。

其实，要领导好一家公司，对于解雇员工要把它看成是一件非常正常的事情。老实说，在把公司交给你之前，我也曾很多次解雇过员工，我相信你以后也会这样做的，甚至会解雇更多的员工。当你在解雇员工时，特别是在与员工谈话时,你也许会产生犹豫的心理,这种情形是很自然的。你可能会扪心自问:这样做到底对不对?然而,当你再经过一两个月的冷静的考虑后,你会发现你的处理是正确的,而且会觉得早就应该作出这个决定。

当然,解雇公司的员工确实是一件并不令人愉快的事情。所以,当你想解雇某个员工之前,你也应该好好地考虑这个问题:这个员工是不是实在无法发挥他的潜力?是不是我们给他安排的职务不恰当?是不是因此才引起他对工作产生了厌烦的情绪?如果是这样,这是我们的错,而并不是他的错。也许这位员工因为性格的原因,他在我们公司干得不好,但到了其他的公司,却反而凸显出了他的长处。这个员工到了其他的公司是不是能够很好地发挥他的长处并愉快地胜任工作呢?所以,不管什么原因,你一定要做到不要让这个员工因为被解雇而产生挫折感和失落感,你要尽量让这个员工不会因此而感觉到自己被解雇是件丢脸的事,更重要的是你要让他能够顺利地适应另一种工作。这一点你务必重视起来。因为,你不应该为自己人为地制造一个敌人,更何况他过去曾经是你的下属,你一定要保持这样的做法。

员工可能会这样问你:"为什么要解雇我?"碰到这样的情况,你的说法要注意千万不可以太过夸张,当然也不要因为想掩饰而撒谎,这样做只会使这个员工感到你是个很卑鄙的人。碰到这种情况时,你要做的是把他和其他职员的情形做个对比,并且用最简单明了的词语来说明,比如你可以这样说:"很遗憾,这是因为你性格上的原因。""很遗憾,你的技术对我们的公司不大适合。"你要懂得,解雇员工是十分讲究技巧的,如果在上述这种情形发生时,你必须迅速将话题转移到被解雇员工更换工作的事情上,同时给被解雇的员工一些尽可能多的帮助,这样就能够获得被解雇员工的理解。比如,要大方并且是带着热情地为这个将要离开的员工写推荐信——虽然这么做的人并不多。

其实,被解雇的人感到最担心的问题是,被解雇后是不是能顺利地找到工作,而我们的"推荐信"对他找到新工作将会有很大的帮助。所以,现在很多公司在录取新员工之前，都会先了解他以前在其他公司里工作的情况。总而言之，在处理解雇员工的问题时，你在员工解雇他之前，就应该先消除掉他对能不能寻找到新的工作的担忧心理。你要让他明白，寻找到新的工作只不过是个时间上的问题而已。

其实，这些处理办法尽管能消除他在找到新工作时的心理障碍，但是，在新的工作还没有找到之前，金钱才是让他烦恼的主要原因。所以，在这个问题上你一定要处理好。你可以根据我们公司制定的遣散费的有关规定对他给予补助。我们的有关规定是在他还没有找到新的工作以前，依照他在公司工作的年限长短，每个月给予一定的补助。而且，我一直认为，每个公司都有义务这样来保障他的员工——特别是那些工作年限较长的员工。

在解雇员工时，遣散费这个问题一定不能轻视。当我们在解雇某个员工时，如果他对于公司所给他的遣散费感到不大满意，这很容易招惹一些麻烦，即使你认为这个人并不值得你付出那么高的遣散费。我们的做法是，不妨多付他一两个月的薪水。这样做，我们可以避免双方发生对簿公堂的事。更重要的是，这样做最大的好处是还可以避免他因为恼羞成怒而采取某些对公司不利的复仇行动。

我们应该理解，那些被解雇的员工，他们对自己被解雇，肯定会产生很大的不满、失望，甚至动摇他们自己的自信心。在这种时候，你必须尽可能地消除他的这些情绪并将这些情绪降到最低限度。这是你应该做的事，不管情况怎么棘手、麻烦，只要你勇敢地去做、努力地去做，这些问题就会很容易得到解决。

在人才挑选的问题上，你更应该慎重，要多加考虑，当你在选用某个新员工以前，挑选应当特别慎重，当然这样做并不能完全避免或者消除他将来不被解雇，但是这样至少能减少将来发生不愉快的事。其实公司就像一个社会的缩影，时常都会有新的人进来老的人出去。所以，解雇员工的事情，将来你也不可避免地会不断遇到。

事实上，要经营好一个公司，愉快与困难是同时存在着的，对你事业的发展来说，这两者是密不可分的。所以，当你面对困难时，你不可能一味地采取回避困难的态度，你必须勇敢地甚至愉快地接受这样的困境。对于困难的事情，你要做到用积极的心态去面对，只有这样做，你才能做好公司交给你的工作。

你的父亲
约翰·皮尔庞特·摩根

第二十四封信　团队精神，是每次成功的关键

亲爱的小约翰：

　　你让我感到很是欣慰，因为你已作出决定，要将公司的设备更换为现代化设备，你为此而天天忙碌，四处奔波。你已经用行动来证明了你的计划。你已经清楚地明白应该怎样去制订一项计划，为此你做了详细分析和研究。在这同时，我又欣喜地看到你是如何用灵活的头脑和过去你在学校所学到的书本知识，并把它们与这些年来你在社会上积累的实际经验糅合在一起。在这个计划中，我看到你已经崭露头角，并跃跃欲试地想大展身手。我感到欣慰的是通过这些看到了你开始走向成功之路。

　　一个企业家，免不了都会碰到成功或者失败，这并不稀奇。但关键是你要勇敢地面对这一切，并从中吸取经验和教训。是的，勇于承认并面对发生的一切问题，是一个成功人士必需的优秀品德。但是我很遗憾，你却至今还没有具备这样的品德。我知道你可能会不服气，甚至你还会反驳我："当我面对失败时，我一定会大胆地承认！"我希望你能这么做。我希望在我还活着的时候能看到你表现出这些品德，这样也算没有辜负我对你长期的教诲和期望。

　　效率和利润是每个公司都最关心的事，它关系到公司的生存和发展。遗憾的是，在我把这些道理给你讲清楚之前，你却已经白白地浪费了许多宝贵的时间。虽然只有几天，或者是几个星期——这当中还包括浪费了许多钱。你要懂得，每浪费一天，损失就多一天。所以，在这个问题上我们必须采取相应的对策，要依靠公司所有员工的团队精神。除此之外，你没有其他好的办法。这些话你可能认为是老生常谈，但它却是绝对重要的，并且也是十分必要的。

在提高管理效率这个问题上，你必须慎重考虑，仔细地研究后再作决定，只有这样，公司才能步入顺利发展的轨道。比如，为了节约人力成本，你准备采购一些效率更高的新设备。但在作决定之前，你必须确定，我们是不是有充足的资金来购买这些新设备。如果没有充足的资金，那么，你就要以你会计师的资格，以及通过你在学校所学到的理论知识和你在经营上学得的技巧，说服银行同意贷款给我们购买这些新设备。因为，只要你能说服银行，你就只需要拿出完备的贷款申请书就可以了。

社会在进步，可以想象，要不了多久，员工的工资就会随着产品的生产价格的提高而增加。当然，我们如果能使用现代化的设备，就不需要为这种事而劳神费力了。因此，你虽然需要花费一笔不小的费用，却不用为考虑节约人员成本而伤神了。当然，这样做的前提，就是我们能够顺利地经营下去。在十分重视效益和利润的今天，如果你只是一味地追求技术进步，而购买新设备的费用远远超过了我们所能承受的程度，那将会承受很大的风险。如果一旦遇到经济大萧条，那么，我们就会走向失败而没有退路——这些话我已经向你说过 326 次，而且我还会不厌其烦地不断地提醒你 1000 次，直到你完全赞成我的观点为止。

做任何事情都会遇到一些困难，任何事情都不可能是一帆风顺的，经营一个公司就是这样。我在把公司刚交给你的时候，你设计的计划就遇上困难，这是十分正常的事，这都是因为你对管理这些部门还缺乏实际经验的缘故。所以你很难作出最后的决定。这并不要紧。但是，在你的潜意识中，你必须很清楚地知道，哪个部门该买进哪一种机器，哪个部门不应该买哪一种设备，这些事情是你都要注意到的。也许，这中间你可能会忽略了一个解决这些问题的最好办法，那就是——团队精神。

在效率管理中，成本核算起着举足轻重的作用，很多公司的运行失败或者破产，成本管理不善是关键性原因，但这个问题并不是人人都清楚的，特别是某些公司的领导经常忽视这个问题。所以，我一定要特别地提醒你，在管理那些靠密集型生产的部门时，你应该对成本进行认真的比较，然后再找出一个合理的经营方案，这样才能把我们的公司管理得更好。在这方面，你如果还有什么想不清楚的地方，那么你就应该和厂长认真地研究一番，因为他十分清楚，哪个部门的自动化程度最高，哪种生产方式最具效率。

其实，最好的方法是找现场的负责人共同解决这个问题，这是最合适的方法，因为他们处在生产的第一线，比厂长了解得更清楚，相信他们一定能够提供更详细更值得参考的第一手资料。另外，还得听听质量管理部门的意见，这肯定也会对你提供很多的帮助。只有当你分析了各方面的资料后，把每一点都弄清楚了，这样你才能说是放心了。如果还有什么不明白的地方，你就四处自己转转，听一听机械工和技工们的意见，因为他们对设备的使用情况比任何人都更清楚。他们会告诉你什么机械最好，以及哪些公司的机械质量最可靠等宝贵的意见。

效率化管理不能靠清规戒律来完成，也不能靠放之四海而皆准的法律条文，真正的效率化管理，就是要善于刺激员工们灵活运用头脑，吸收他们的实际经验，让他们提供最好的意见，吸取他们的宝贵经验，让整个公司的潜能最大限度地发挥整体作用。所以，这需要你将团队精神发挥到极致。在所有的效率管理中，只有让员工们都参与管理，这才是最好的、也是最明智的做法，因为没有什么比向别人征求意见并表示对此十分重视更让人值得骄傲的事了，所以没有哪个员工会拒绝这种参与。

特别是某个员工知道自己的意见被上级尊重时，一定会非常高兴，从而对公司的事更有热情。员工是公司生存下去的基础，所以你在任何时候都要重视他们，要能抓住一切机会向他们表达你对他们的敬意和真诚。

有效的管理不是空洞的教条，必须要有科学性，要合理地运用这种科学性。如果你想征集那些对公司发展有用的建议，你的观察力必须敏锐，你的行动必须谨慎。并且你要把这些意见牢牢地铭记在心中，以免以后再遇到类似的问题却无法解决。你还要大胆地奖励那些勇于提出建议的员工，以表示对他们提出的建议的肯定，因为他们可能会害怕因为提出建议而损害到自己的利益。比如他们可能会由于建议购买某种设备，而担心公司是否要削减他们的薪水，或者裁减员工，这些疑惑不是没有道理的。所以，你应该在计划刚开始进行时就让他们消除这些疑惑。

站在公司的角度上，公司最重视的当然是利润和效率。我的意见，你如果想要裁减员工，同时又要保持住目前生产的增长速度，首先你必须尽量地减少新招聘员工的数量，对员工的职务也应该重新安排，这样才能够让公司的效率最大化，因而就可以减少失业的人数了。只是，由于近来通货膨胀在不断加大，员工的购买力被削弱了，于是大部分员工都希望能够加薪。只有我们尽可能地提高生产效率，才有可能获得更大的市场占有率，才有实力为员工们增加薪水。

有分歧，这是难免的事，当公司内部发生了意见分歧的时候，你必须沉着、冷静，千万记住不要自乱心神。如果你准备采纳某个建议时，决定采用技工的建议而不是监工的建议时，站在主管的立场上，你必须给监工一个合理的解释，只有这样才能使员工的积极性更高。

如何使用资金是效率化管理的不能忽视的因素之一。因为资金的使用，关系着公司发展的成功与否，特别是流动资金对决定公司规模化的扩大起着关键的作用。因此，你对每一笔资金使用前必须要有慎重的考虑。特别要注意的是购买设备时，你应多多对照其他公司，对照那些也生产这种机器的公司，从中选择一个最合适的公司。比如你去选择一种贴标签机，它一分钟虽然只能完成200个，但是你如果去选择一分钟完成300个的封罐机，那又有什么用呢？所以，平衡地调配生产线是必须要重视的事，我希望你能够使生产线保持着像雪佛兰那样的流线型，而不是林肯房车那样的类型。

设备的先进性是提高效率的首要条件，当你准备购买某种设备的时候，最好先到生产这种机械的工厂去参观参观他们的生产过程。参观时你要和这个工厂的技工、厂长一起参观，这样可以让他们随时回答你心中的所有疑问。如果你发现这种机械的性能,并不像他们广告中宣传的那么好,你应该坦率地向他们表示出来,这样你就可以避免上当受骗,他们也不敢因为你是外行而蒙骗你。

购买设备时,还要好好地、仔细地了解这种设备的折旧率、零件配置是否方便、经销商的售后服务是不是良好等问题。在这期间,你还要和有关人员再三商量研究。你应该做到经常借助他们的智慧,因为他们是这方面的内行。当然,在举行庆功宴的时候,千万不要忘记邀请他们。

我知道,一个决定的出台会直接影响到公司的效率,特别是安装新设备的时候。从开始试车之时,就是考验你们的决定是不是正确的时候。这个时候,你应该和全体员工一起来对设备进行"评估"。当他们看到你的选择是正确时,一定会对你感到佩服。但是,如果选择错误时,我会批评责备你。这时,他们也一定会清楚原因之所在。当然,对于机器的好坏,你应该负起全部的责任。同时,由于员工们一起参与了你的购买决定,他们心中当然会同时具有一份责任心。如果发生错误,无须责备他们,他们自己就会感到内疚。因此,在下一次购买时,他们肯定会为你提供最完善的资料——因为他们会想:"上次被董事长当作笨蛋,这次一定要洗刷掉这种耻辱。"

当然,团队精神只是效率管理的一个方面,怎么利用团队精神,调动员工的积极性,让他们把多年的经验充分发挥出来,这才是企业要经常思索的问题。公司的运行就好比足球场上的比赛,无论一个人的球技是多么高超,但最后能够取得胜利的最大原因,却是因为全体队员相互协作,充分发挥了团队精神,士气高昂的结果。现实中企业的管理也是这个道理。

最后,我要特别提醒你的是,效率管理不是空洞的教条,也不应该按照教科书,一成不变地照搬照抄,必须灵活地运用掌握。要使所有的人——包括我在内——全都感到满意,当然这是很难做到的。所以,只要是基本上没有问题,你就大胆地去做吧。

你的父亲

约翰·皮尔庞特·摩根

第二十五封信　管好你的钱包

亲爱的小约翰：

我很遗憾地告诉你，你不是一个称职的预算师，比如在今天上午，你向公司借支500美元时，我感到十分诧异。我实在无法理解的是，你在私人资金的用度上不仅仅时常拮据，甚至连一点储蓄都没有。但是，你在公司每天都有成百上千上万甚至几百万的计划，以及一些资金的使用却分毫不差，我实在想不明白这是什么原因。

我这样评价你，你一定有些难为情甚至不安。其实，不仅仅是你，我也同样有这种情况——这样说你是不是会感觉好一点儿？

前些天，我曾去拜访过一个干税务工作的朋友，他对我说，他每天一进办公室，就有像你这样的高薪白领阶层或企业家找他，他们去的目的就是因为没有及时缴税而被税务机关起诉，于是请他帮忙出主意。这实在让人想不明白，为什么你们这样能把大企业都管理得井井有条的人，却管理不好自己的钱包？我想，这可能是因为公司里有专业的财务机构和专业人才，而你个人却没有人帮你计划安排。

我不希望你成为"月光族"当中的一员，希望从今天起你要学会如何管理自己的私房钱。如果你不能够安排好你的支出，那么我建议你最好忘掉你税前的薪资，而只要知道扣税后的实际收入。把每个月应该支出的费用，一项项地列出来，然后从税后的实际收入中先把它扣除下来，其余剩下的才是你可以随便使用的资金。对这些可以自由使用的资金我建议用两部分处理：一部分是把它全部花光，另一部分是把它储蓄起来。我想后者对你应该是比较明智的做法。除了每月的固定支出，比如房租、房屋贷款、水电煤气费、餐饮费需要支付之外，还有一部分可用在临时急需或不时之需方面。因为给你造成很多麻烦的都是这些基本费用以外意想不到的支出。

的确，信用卡的发明使得人们在购物时便捷了许多，很多人因此而忘乎所以。他们不明白，信用卡其实是给很多人增添了烦恼。因为信用卡容易引起人们购物的冲动，容易引起被人们称为消费过剩的坏习惯，虽然时间并不长，但很多人都得了这种现代病，而且这样的人会越来越多。零售业的销售商正是利用人们冲动购物的毛病，才鼓励人们使用信用卡，引诱我们无限膨胀的购买欲望，使我们都患上了过度消费症。

为了防止自己患上过度消费症，有一个最简单方便的方法，那就是在自己想购物前，把可以随便支出的现金带在身上，因为这是控制自己不多花钱的最好方法。在你每次支付完一笔现金后，你身上的现金就会减少一笔。现金不断减少，自然就会引起你的警觉。你用这样的办法并且坚持两个月以上，你就会自然养成一个节约开支的好习惯。因此，你与其在小小支票上毫不在乎地签上你的名字，倒不如你利用现金支出的办法更能引起你的警惕。另外，你还可以把每个月必须支付的费用或存款先行支付掉。如果你随身没有带信用卡，相信你的钱不会那么快就用完，现金浪费的程度肯定比信用卡低。你不妨试试，看一个月之内你不用信用卡，而改用现金来支付，最后会有什么变化。其实，用现金去买东西又有什么不好呢？可惜的是，一些所谓的现代人，已经不知不觉地掉进了可怕的信用卡这个该死的发明中。

如果你花钱方面做不到节制，那么建议你先去学一个月的会计，这样做可以减轻你在金钱上不够花的苦恼。的确，较大的支付应先明确支付的期限，然后再做一个预算表。一定要把这件事当作一个大事情来对待，千万不能小看了它。比如马虎不得的保险费——虽然这是一笔一年就要花一次并且费用不小的支出。

从现实中总结经验，设计出一个合理而科学的花钱方法，也不辜负我对你的教诲。

接下来我们要讨论一下在银行的存款问题。储蓄有两个作用：一是准备无法预料的支出——比如冰箱坏了；二是必须要的固定支出，比如每年固定需要缴纳的地价税、房屋税、年终的所得税、小孩子的注册费等。

如果你对把钱存进银行感兴趣，你要做的就是从每个月的收入中扣除一部分，然后把它存到银行里去，就像每个月都要支付房屋贷款一样，其结果就是这笔存款成了你每个月必须要花费的固定支出，因为它是必须支付的。如果你能按照我所说的去做，坚持一个星期，或最多坚持一个月，要不了多久你就可以渡过难关。

如果你想保持一个长期的、经济稳定的生活方式，一般是从买房子开始。大多数的人——也包括我——都认为，买下产权归自己的房子比租房子更让人放心并且有安全感。当然也并不是所有人都这么想的，比如因为工作关系而必须经常搬家的人。的确，在个人投资中，以买下自己的房子作为主要的不动产来进行投资，这是一种非常不错的投资，也是一种很聪明的选择。但是，买房子必须先交首付款，然后再按月或季度分期付款。在如何处理分期付款的问题上，你应该把如何分期付款的金额先作一个合理的预算。如果你能做到这点，那么这种投资的方法就是很正确的。

但是，有必要提醒你，在购买房子的时候，你不能把你能动用的现金都用在买房子上，因为如果你把大部分的积蓄都用来买房子做投资，可是你每个月还要支付很多其他的贷款，这样的话你的家里就所剩无几了，这是人们时常会犯的一种错误的做法。如果一旦遇到疾病或利息提高的情况，整个家庭的经济状况便会陷入困境。为了避免这种情形的发生，你应该在事先就预算出能很轻松支付房屋的分期付款的计划，否则一旦意外的情况发生时，你就会陷入绝望的境地。

购买房子确实是最好的投资方式之一，因为房子其实就是你的第二笔存款，同时买房子还可以让你享受投资房子所带来的乐趣——由房子带来的幸福感、舒适感以及家的温暖，是投资股票或者债券所无法相比的。盖柯洛就曾说过："再没有什么比自己的房子更好的东西了"，大概讲的就是这个道理。

人无远虑，必有近忧。你现在还年轻，还不会考虑到65岁退休以后的生活，这种心情我完全理解。但是我还是要不厌其烦地提醒你，年龄尚轻时却已经想到年老退休生活的年轻夫妇，他们到退休以后，就应该换上一间管理容易、费用较少的房子。把现在的房子，把卖房子剩下的钱存进银行，用利息来补贴生活费。因为那时你的孩子们都长大了、已经独立出去单独生活了。那时还需要那么多的房间吗？每到冬天或者夏天，你们可以出去休假、旅行，把门一关又不用担心家里会有小偷光顾之类，这实在是一个有先见之明的明智的做法。

关于投资的问题，我已经谈得太多，所以今天也不想多说。除了房产的投资，当然也还有其他很多的投资渠道，比如投资股票、债券等。在你选择投资这些项目时，你必须详细地仔细地做一些调查研究并制订出完善的计划。当然，这样一番忠告听来好像很保守，但是买空卖空等股票投机的事太多了，股价一旦下跌时，股票就变得一文不值，这样的事我看得太多了。股票投资的风险非常大。如果你要投资它，你必须要有多余的钱，才可用于股票投资，千万不可借钱来投资股票。具有讽刺意味的是，那些整日泡在股市里，以炒作股票为生的人，你见谁成了百万富翁，何况我们这些业余的人呢？

制订一个恰当而科学的存钱计划，可以减少很多不必要的烦恼。在你们的孩子降临人间以前，你们夫妇两人都有工作，两人薪水合起来使用，当然不会觉得紧张甚至还会相当宽裕。如果是聪明而善于计划的夫妇，其实只需要用一个人的薪水就够了，而将另一个人的工资储存起来，作为买房子的首付款，另外，你若借了别人的钱，要尽量早点还掉。这种潜意识你必须具备，而且不能有一点马虎。

当然，现在也有许多的年轻人，他们喜欢把钱存在银行或藏在家里不用，他们总喜欢在冬天里南下去度假，或者在周末开着漂亮的轿车到高级的餐厅用餐，他们感到只有这样才快乐。当然，如果你有一套完善的开支计划，你则可以把这样的乐趣编入你的计划之中。不得不承认，生活中的很多乐趣还是应该去享受的。但是，如果把夫妇赚的钱，一毛不剩地都花掉，未来你就会有不安全的感觉。特别是在小孩出生以后，需要增加很大一笔开支，这对你是个很大的冲击。要把现在的生活水准降低，是一件很困难的事，中国有句古语说得好："由俭入奢易，由奢入俭难。"人生乐趣虽然是生活中必不可少的事，但亨利·梭罗说得好："花最少的钱得到最大的乐趣的人是最富有的。"

我想你的生活不可能总是一帆风顺，总会遇上许多意想不到的麻烦。为了让你的妻子在人生道路上有保障，你一定要为她买人寿保险。同时为了孩子的教育支出，你也要有更长远的规划。即使你不在了，这笔钱依然是要花的。你有能力把公司管理好，应该也能规划好买人寿保险的金额。你最好去投资一般的人寿保险。至于保险公司业务员劝你为了经济稳定而投保的五花八门的各种经济保险，你应慎重考虑，很多保险公司的业务员劝客户投资的那些经济保险，并没有考虑到通货膨胀等一些有风险的问题。

我不想去调查你个人开支是如何使用的。但是因为我对你有特别的要求，所以我希望你能够记住我对你的教导，并且在某种程度要有确实的保证。比如，我借给你的500美元，它的年利率是20%，所以你每星期都要归还10美元，从你的薪水中扣除，并要你附上保证书，由你签名确认。你可能会以为我是一个太过于苛刻的父亲。但是，下次若再碰到这种"没有预期的费用"而向我借钱时，我的条件就不仅仅像这次这样而只会更严厉了。

其实，我没有像你想象的那么生气。汤马斯·肯必斯曾说过这样的话，我再念一次给你听："不要因为别人没有按你的意思去做事而生气，因为自己都无法照自己的意思去做事，更何况别人呢？"

你的父亲
约翰·皮尔庞特·摩根

第二十六封信 创新,快乐的生活

亲爱的小约翰:

你来信与我探讨了你思考问题的一些方法,我很清楚,像我这样的"老古董",缺少你们年轻人所有的朝气蓬勃的精神,至于创造性的思维能力方面,我相信你一定会比你的老爸强很多。可是,在这里我们首先要弄懂的是一个关键问题:创造性的思维是要建立在一个坚实的基础之上的,并不是凭空想象就可以了,还要在客观上有可行性。

在这里我要告诉你的是,你必须要先弄懂"创造性思维"的真正含义。很多人往往把创造性的思维,想象成像发明电或者是小儿麻痹症疫苗,或者是小说创作,或者其他的一些什么发明创造之类的事情。当然,这些发明都很好。然而,创新并不是某些行业所特有的,更不是只有具备了超常智慧的人才会有的。我要着重告诉你的是:只要善于开发,我们每个人都有这种创造性的思维。

什么是创造性思维呢?我给你打个比方吧:一个低收入的家庭因为制订出一项科学而合理的计划,他们能让他们的孩子进入一流的大学读书,这就是创造性思维。如果一个家庭想办法将附近脏乱差的街道变成整齐漂亮的地方,这也是创新性思维。可能你不认可我的这种看法,可是,要知道生活是多方面的,我想,你慢慢就会明白这个道理。

另外,为了很好地保存资料,一个人能想方设法使其简化,或者向"准顾客"推销,或者让孩子去参加一些有建设性的活动,或者能让员工从心里真心热爱他们的工作，或者去阻止一场纠纷的发生。像这些事几乎每天都会发生的，如果你能用更好的方法来处理这些事情，可以说都是很有实际意义的创新实例。

《伊索寓言》里有一个小故事，也许能说明问题：

在一个风雨交加的日子里，一个穷人到富人家行乞。"滚开！"富人家的仆人对穷人说："不要来打搅我们。"穷人并没有走开，而是很可怜地哀求说："让我进去吧！我只在你的火炉边烤干我的衣服就行了。"仆人认为仅仅只是烤火，不需要另外花费他们什么，就让他进去了。到了屋里，这时穷人请求厨娘给他一口小锅，他说："有锅我就能够煮锅石头汤喝了。""石头汤？"厨娘十分奇怪地说："我想看看你怎么用石头做成汤。"于是她给了穷人一口锅，穷人于是便到路上找了一些石头把它们洗干净后一齐放在锅里煮。"可是你总得放点盐吧。"厨娘说，她给了他一些盐。后来又给了豌豆、薄荷、香菜。最后，又把厨房里剩下的碎肉末都放进了汤里。

这个故事最后的结局是什么，相信你也许已经能够猜出来了，这个可怜的穷人最后把石头从锅里捞出来扔了出去，然后美美地喝了一锅肉汤。

倘若这个可怜的穷人一开始对仆人说的是："做做好事吧！请给我一锅肉汤喝吧！"结果又会如何呢？肯定当即被赶走了。所以，作者在故事的结尾处总结说："坚持下去，只要方法没有错误，你就会获得成功。"这告诉我们，很多事情的成功，其实是一种方法是否正确的问题。掌握了正确的方法，事情就很容易顺利地完成；如果方法不正确，不但不能把事情办好，而且还要增加更多的麻烦。怎么样才能有好的正确的方法呢？这就是我在这封信里一再对你说的创造性思维。

我们学到的知识和经验并不满足于创造性思维，它要求人们在努力探索客观世界中那些我们现在还无法认识的客观事物的规律，从而为人类的实践活动开辟新的领域、打开新的局面。如果没有创造性思维，如果没有探索精神，人类的实践就只能落于故步自封的地步，人类社会也不可能得到良性的发展和前进，甚至会陷入倒退的地步。

创造性的思维其实正是每个人所应具备的长处，只是很多人不知道怎么开发，更不用说如何利用了。所以不是人人都能成为企业家就是因为这种情况。一个人如果要有所作为，只有通过创造才能把自己的聪明才智发挥出来，才能体会到人生的真正意义和价值。创造性思维在实践中的成功应用，不但能给人类带来无法估量的财富，而且鼓舞着人类用更多的热情去进行创造，实现更多的人生价值。

其实，创新并不需要什么天才，创新就在于能找出新的改进方法。任何事情能获得成功，就在于能够找出把事情做得更好的办法。所以，遇到问题，不要急躁，而是善于多多思考，只有这样，才能加强锻炼，提高创造性的思维能力。

创造性思维就是在传统思路的基础上如何使其更进一步做得更好的办法，这些方法在思维的问题上，要能独具慧眼，要能够提出新的有创造性的见解，有了新发现，就能实现新突破，这才能称得上具有开拓性和独创性。作为一个企业家，只有具备这样的一些能力，才能在残酷的竞争中顺利发展而不被对手击倒。

一般人已经习惯于用常规的思维方式来思考问题，也就是在遵循现有思路和方法时进行的一种重复性思维。但记住：重复前人，就容易步人后尘。这对于一个企业来说，就不可能做到超越别人，即使要发展也只能跟在别人的后面被动地发展。这些常规的思维方法和思维的结论，都属于现成的知识范围，在书本里可以很容易找得到，但真正的创造是要靠自己去拓展的。人的思维要解决的是在实践中出现的一些新问题、新情况，而常规性的思维解决的只是重复出现的问题和情况。

培养创造性思维的一个关键，就是你要相信自己能把事情做好，只有有了这种信念，才能使你的大脑运转起来，努力去寻找解决这种事情的方法，这是要想成为好的企业家所必备的条件。只要你平时多注意观察，我相信你就能够发现周围的人分两种类型：一种是很容易接受现有的知识和观念，这种人的特点是思想保守、安于现状，他们对生活缺少热情，当然也更谈不上创新；与此相反，是另外一种人，他们平时总是注意观察和研究新事物，勇于突破传统观念的束缚。这种人常常不满足于现状，勇于创新。后一种人是你应该学习的，这才是企业家的精神。

创造性思维不能仅仅局限于某个固定的程式和方法，它有它独立的思维框架，这是一种具有创造性的、灵活多变的思维活动，这种思维活动总是与"想象""直觉""灵感"等非规范性的思维活动伴随在一起。所以，它才具有很大的灵活性、随机性，它会由于时间、地点等因素的不同而随时变化。你只要学会多注意发现和多深入思考，也能做到这一点。

创造性思维的核心是在创新上有所突破，而不是对过去的简单的再重复。创造性思维没有前车之鉴，也没有任何成功的经验能够借鉴，它是在没有任何思维痕迹的路线上去实现的。因此，创造性思维并不能保证每次的结果都会是成功，有时它甚至可能会毫无成效，甚至会得出完全相反的结论。这就是它的风险性。但无论结果怎样，它都在认识论和方法论方面具有重要的意义，因为即使它的结果不成功，也可以为后人提供少走弯路的教训。就像你第一次合约的失败，虽然没有取得什么成绩，但过后你不停反思，就会学到很多。常规性思维看起来似乎很"稳妥"，但它存在着致命的缺陷，那就是不能帮助人们提供新的有益的启示，所以你要善于突破自己原来所固有的思维模式去创造新的东西。

作为企业家，为了取得对未来事物的了解，总要想方设法探索前人没有过的新的思维方式，寻找前无古人的办法去剖析新事物，并且获得新的认识和方法，这样才能提高自己的认识能力。

我希望你在现实实践中，运用创造性思维，提出一些新的观点，逐渐形成一些新的理论，然后创造出一次又一次的新发明，为企业的发展做出成绩。

谈到创新，不少人往往望而却步，认为它只是极少数有天赋的人才能办到的。其实并非如此，创新有大小之分，并且内容更是丰富多彩。创新活动并不是只有科学家的专利，它已经渗入到寻常百姓的生活的方方面面中去了。现在有很多人都在进行着创新活动，不管是生活中、事业上，随时都可见到创造性思维所迸发出来的火花。人们的要求和追求天天都在发生着变化，在为这些新的变化而奋斗的过程中，就需要有创造性的思想。创新是没有止境的，人类的幸福也是没有终点的，其实人类的幸福就是一个不断创新的过程。

创新是一种力量，是幸福的源泉。英国著名哲学家罗素说过：创新是"快乐的生活"。创新是生活中最大的乐趣，幸福就是诞生在创新中的。生活的乐趣是什么？我认为，它是与艺术相类似的创造性劳动，它存在于高超的技巧之中。孩子，如果你热爱自己的事业，那么你就肯定会从你的事业中发现很多美好的事物。生活的伟大意义也就在于此，我的这些话要告诉你的就是创新与幸福的相互关系，告诉你创新是生活幸福的原动力。

为什么呢？因为每个人都知道幸福是来源于物质生产和精神生产的实践中，因为当你为了实现所追求的目标奋斗后，你就能亲身体会到精神上的满足。但是要怎样做才能实现这一点呢？要靠劳动、靠创造。

你的父亲
约翰·皮尔庞特·摩根

第二十七封信　做成功的掌舵手

亲爱的小约翰：

我很高兴的是，我认为你对我们企业的经营范围提出来的建设性意见提得很好，特别是对于分散投资的风险，有着更深层次的分析、评价以及规避投资风险的一些很具体的办法。的确，自从我进入工商界以后，一直致力于做的就是确保财物的安全，所以我把我们战略的基本方针，确定为企业经营的多元化。如今，你也考虑到同样的企业安全性问题，也认为把我们的全部资源集中在一个范围内，会得到更好的结果。

的确，很多人都认为你的看法很有头脑。因为，这个办法比较容易使公司健康成长。但是，关于这个问题，我还是想陈述几点我的想法。

企业采取多元化经营的办法，的确能够降低投资风险，"不要把所有的鸡蛋放在一个篮子里"说的就是这个道理。因为，篮子总会有不安全的时候，如果把鸡蛋分开，放在不同的篮子里，总会有一个鸡蛋不被摔破。这个道理，我想你比我更清楚。过去每当我们的事业出现投资机会时，我立即就会考虑到如下两点：一、如果尝试新的事业，资金的运转是不是很充足？二、是否确定有具备相关能力和经验的人才来经营这个新事业？——后者，公司应该以人为中心，而不是以公司为中心来集合人，这是真理。所以，只有当这两个问题可以得到肯定的回答后，我才会考虑到其他有关贩卖、流通、竞争，以及其他普遍性的问题。

企业经营，一定要有灵活的脑子，这不仅仅是表现在企业内部管理方面，而在企业扩大规模上更应该体现得清楚。如果，新的投资项目和我们目前所经营的企业的业务，有很多相同的地方，那么我就不认为那是多么大的赌注，那只不过是企业业务的延伸，或纵横的发展。

多元化的经营，能够促进企业的发展和壮大，能为企业稳健的发展起着保障性的作用，这样做，不仅能够保住企业的财产不会受到意外的损失，而且，这样反倒还会增加我们的资产，不至于因一时的困难而垮掉，这就是我多年来一直主张多元化经营的原因。因为，曾经是从贫穷中走过来的人，为了不再体验过去那种穷困的生活，他自然而然地会采取相对保守的做法，以图守住企业的现状。特别是那些在最初的创业中曾经遭受过失败的人，就更加希望能尽全力保守住自己的第二个事业。其实，我已经花了很多的时间，只为了让事业能稳步而又快速地成长。

科学地管理和经营一个公司，其实一天就只需两三个小时发挥自己的能力，而我每天却有八到十个小时的时间用在工作上。因此，我的工作大部分都在做着重复劳动，如果，我能雇用到有才能的人来代替我，我就能有时间在其他的事业上也有所发展。

我在前面讲过："不要把所有的鸡蛋都放在一个篮子里。"这个道理能很形象地说明企业实行多元化战略的种种好处。根据我以前的经验，胜利女神是经常在各个公司之间来回游走的。如果你拥有好几家公司，那么，你一年至少会得到一次胜利，到目前为止，事实证明了我的看法是正确的。由于获得胜利的机会大，就是别的公司亏损一点儿，总体上还是会有所盈余。

如果，你打算成为工商界的常胜将军，请你记住：不要过于盲目自信，特别是你千万不要认为，自己经营任何事业都能够获得成功。有的人拥有好几家公司，但却依然遭遇到失败，这就是其中一个重要的原因。凭着我自己的年龄和多年的经历，我敢断言，你最先应该学习的经营的基本原则，就是要谦虚、谨慎，善于学习别人的先进管理经验，把别人的先进管理经验用在自己的企业中。不要盲目地追求某种事业的成功，这样，你才能够在其他的事业中获得成功，除此之外别无其他的选择。

想做一个称职的企业经营管理者，应付各种突发情况的应变能力是必不可少的。还有就是，你必须对很多不确定因素作出较客观的评估，以便能随时作出相应的对策。如果你的经费被削减的话，你必须马上作出相应的决策，并且能尽快地解决它。对于我来说，我特别厌恶的是由于自己管理的疏忽，造成了企业的损失。也许，你会觉得我的想法有一些古怪。但是，在公司经营管理的过程中，如果公司从一开始就有大笔的损失，于是马上就削减所有的经费，这样的做法是非常幼稚的，事实上，损益表上是某个不能明确地表明盈利的项目，却最有可能被削减经费，甚至遭到删除。

当然，如果公司到了削减经费的处境，经营规模肯定就会被缩小，但是，如果你再重新编排一次，去掉公司的包袱，就能增强公司的竞争力。因此，只要你有重新再来一次的勇气，即使是到了最绝望的境地，也顶多是连你一起拉倒，或是拍卖或者干脆关门。

要发展和经营好一个公司，特别是一个充满生机活力的公司，必须特别注意的是资金和人力资源的管理。有很多曾经很优秀的企业集团，就是因为公司领导太急于让公司快速地成长，从而在经营中忽视了企业的资金和人力资源的管理，导致企业最终垮台。

在这个世界上，想要树立起有价值的东西，就必须要有坚固的地基，公司的成长也是如此。

要管理好一个企业，难度肯定是不会小的，而经营好一个公司，就更是如此，全心全意地工作，确实能够促进公司的成长。除非，那个公司需要你用所有的时间去管理才能存在下去，否则就没有必要那样做。因为，你由此而失去太多成功的机会。所以，你可以换一个角度，或者换一种思维去思考问题，然后再去尝试其他的事业，相信你会成功。当然，你的成功，必须有周全的资金、计划作为前提，否则，就只能是浪费我们的财力。

企业应该有一套合理、科学的资金管理体系，才能够使公司做大做好，否则，公司就会非常的危险。这样的情形，在美国的石油工业中屡见不鲜，这样的企业，虽然是如此的巨大，同样面临着有可能破产的危机，

富过三代的秘密

更不用说我们的小企业了。不过，解决这种危机的办法，就是时时刻刻警惕自己，要加强资金的管理，除此以外，再没有其他的好办法。但是，任何事业，不论它的大小，都不会持续到永远。因为，企业经常性的变动，以及配合计划外的需要和供给的能力，全都要靠经营者的超大智慧，然而，具备这个条件的人却是少之又少。

多元化经营，并不是要盲目地扩大再生产，也不是要改变企业的经营理念，而是在企业自己原有的基础上，更科学地、有计划地扩大公司的业务生产。事实上，有很多公司的多元化经营就是在放下自己的基础和脱离原来的圈子上，或者，就是收购别的公司或原料供应商，生产附加价值更高的同一系列产品。比如，我们要生产收音机、镜框、家具、汽车用品，这无疑是一种轻率的行为。因为，这些产品和我们以前所做的事情完全不同。

确实，一个企业都有自己的一套管理理论，无论如何，企业实行多元化经营战略，必须遵守一个重要的原则：与其买下一个公司，倒不如买来那个公司的顶尖的企业人才。曾经，我在某家公司里，三年内就改换了三名常务。我为自己的这种做法感到沮丧、无奈，为此差点到了疯狂的地步，险些要将公司卖掉。最后，我开始尝试用这种方法——如果一开始用这个方法就好了，就是给予在这个公司中的老职员一个施展才能的机会。如果每个人都说不愿在他手下工作，我就任用他，结果是出奇地好。我的另外一个收获是，职员的离职率降低了3%。

企业实行多元化的经营战略，这个战略必须是根据企业的具体情况提出来的。因此，管好企业不仅是你的义务，更是你的责任。就像安德鲁·卡内基常常说的那句话，"一家人不会三代都穿工作服"。我现在只不过是努力掌好舵，不使我这一代回到穿工作服的时代。当我放下手边的事业时，希望你不要为了证明卡内基的说法是错的，而来尝试你的运气。我已经给你指出了一条路，希望你把舵好好地掌握住。

你的父亲
约翰·皮尔庞特·摩根

第二十八封信　不打无准备的仗

我亲爱的小约翰：

我理解你这次的失败。我认为你失败的原因是你太专注于怎么把公司的生意做好，却忽视了要把银行的重要性放在首位。这就是你虽然努力想争取银行贷款、想获得银行融资，却始终未能如愿的原因。也许你一直想不明白为什么。其实，办企业和任何其他事物一样都有它自身的规律。我觉得你在办企业方面已经积累了不少经验，所以才把这次申请贷款的事完全交给你来办理。我这样做是相信可以让你通过实践中的学习，来增加你有关金融方面的知识。

很多办企业的人和你一样，思想中总是忽视了银行的重要性，直到贷款申请被拒绝，或者被撤回时，才认识到银行的重要性。这种情况，实在是让我感到很无奈。因为，这些人没有认识到，要办好一个企业，除了工厂、设备、库存、员工、顾客之外，还有一个我们永远也不应该忘记的对象，那就是银行家。我是完全靠自力更生、白手起家有幸成功的人，而你则是在我和银行的合作关系稳定以后，才进入公司的，所以很遗憾地失去了这样的学习的机会——幸好一直到现在，我们和银行的关系还能一直维护得很好。

其实，在我以前与银行的无数次合作中，从来就没有被银行拒绝过。所以，你才对这样的成绩抱着依赖的心理，以为银行也会像从前与我合作那样轻易地对你许下承诺。我相信你是这样想的，对吗？如果你真的是这样想的，那么你的这次贷款失败就不难理解了。我理解你的心情，也相信你现在的心情一定很沮丧，也许在你的贷款申请遭到拒绝时，你的第一个反应是"我被耍了！"你或许还会想："我真没用！没有让他们清楚我的本意！所以才失败了！"但是，你有没有好好想想，银行家同样也是人，不可避免会犯错误。这里需要提醒你的是，当面对失败时，一个人不要一开始就发牢骚，你要先看一看你的贷款申请，然后再想想你的付出和申请贷款的理由，那样就不会认为他们是有意刁难或者忽悠你了。

也许你认为银行家就是那种雪中送炭、助人为乐的人。当然，你的那种看法也不是没有理由。你要明白，银行家有他自身的想法。为了避免贷款到期无法收回来，他们十分重视对客户的选择，他们会经常淘汰那些融资没有把握的对象。所以，并不是任何人都会轻易获得银行的贷款。要想获得银行的贷款，客户一定得提出有说服力的理由来证明自己有能力保证到期归还贷款——当然也有些人，虽然他们并不需要提出申请，银行也会主动把贷款送进他们的口袋——这其中的道理你要想明白，这一点很重要。

所以，要想获得贷款，贷款申请书是一个十分关键的要素，因而你千万不要忽视你的贷款申请书。如果你的贷款申请书不够完善，又由于你对收购那家公司过于自信并以为收购那家公司对我们的公司将会有很大帮助，还有就是对银行的贷款看得太容易，这些都是你这次贷款失败的原因。我们与银行打交道的目的是为了得到贷款，因此，为了取得银行的信任，当你在书写申请书时，你一定要牢记在贷款申请书上清楚说明你的贷款意图，要做到"让银行对你感兴趣"。当然，银行在收到你的申请后会进行一系列的审核程序，你要让这些审核者明白，他们对你严格的审核是真诚的，他们对你的严格要求并要你重新检查贷款申请书，是要你认识到，你的申请书只是一味地强调你需要多少资金以用来收购某家公司，却没有明确表达扩大公司的目的。因此，你要做到的是以冷静、客观的态度来分析你的贷款申请书。否则，若仅仅因为收购这家公司去贷款而犯下错误，你失去的不仅是可以预计的公司的利益，而且会因为贷款失败而导致没有资金去购买必需的设备，从而带来新困境。

所以，在收购某个公司的时候，你应该事先考虑好怎么达到目的，不要太草率，更不要急于扩充公司的规模，也不要盲目地并购。俗话说：欲速则不达。你想收购一家公司，就类似你对一位可爱的小姐发生兴趣一样。即使她全身都让你心满意足，但如果思想上缺乏共同点，你还会对她那么感兴趣吗？办公司也是一样。你最开始没有注意的地方，或者在某些细节方面，你都应该和重大问题一样给予重视。要清楚并不是一眼看中的东西就一定要买。

银行经理告诉我，他调查过你想要收购的那家公司，他认为你贷款其实只不过是要用银行的钱来收购这家公司的债权，因此，他非常不满意。道理很简单：对于银行家来说，他十分看重的是库存的商品价值以及资金的周转是否顺利，他要考虑的是贷款到期时，你有没有能力还清贷款。这是一个银行家不得不考虑的重要因素。

另外一个让银行经理拒绝你贷款的重要原因，就是在你的计划书中，从你收购的价格来看，与你本身的资金严重不符。所以你若要让银行经理睡得安稳，对于这种一起投资的事情，你最少要负担20%~30%的风险。只有这样，他才不会担心银行的资金会付诸东流了。而且，如果你能确定自己的投资没有风险，你自己也会更轻松的，约翰，你说对吗？

银行家有他们的投资规律，如果你想要顺利地得到想要的贷款，那么你必须拟出你的可行性的方案，也许你的想法和我基本一样，但具体操作起来就很难保证能行得通。因此，你应该尽量地发挥你个人的能力和良好的人际关系，尤其要用好自己的资本和时间，和银行建立起相互信任的合作关系。这样才能与银行的合作变得很顺利。

与银行家打交道，不是在短期内就能够相处得很融洽的，开始时，可以请银行经理吃顿午餐以增加感情。可是据我所知，你从来不愿这么做。所以，你应该改变从前那种与人打交道的方法。当然，和人交谈时，与其隔着又冷又硬的办公桌公事公办，倒不如好好地利用愉快的午餐时间，让双方变得很轻松。如果他拒绝，你不要气馁，要坚持一次又一次地邀请他，一直到他肯前来赴约为止。这样，他不但会感谢你的宴请，同时对于你的要求也会引起他的重视。如果你一年里能和他共进几次午餐，那么当你再向他提出你的贷款要求之前，先向他详细讲述你的收购计划，将更好地增进彼此间的沟通——但是，你千万不要一开始就抱太大希望，因为和你一样想获得银行贷款的人，绝大多数的人都将采取这样的做法。

当然，与银行家谈贷款，要有一定的技巧。在饭后吃点心的时候，你应该明确地告诉他，你对打算贷多少款的详细想法。这时，银行经理就会全面地考虑你的意见，有时银行家会劝你放弃贷款。因为他近来碰到几笔同样的交易，让他好几天睡不安稳。所以，你必须趁机向他表明你的还债能力。这一点很重要，要抓紧时间。在这时，时间十分重要，特别是申请贷款的时机非常重要，你必须抓住这个机会。或者，你可以尝试请银行副经理吃顿午餐，联络一下感情。因为只有他是最了解他上司的想法的，所以在什么时候请经理吃饭最适合，他会给你提供很好的建议。这些也许对于你的计划顺利实行会有很大的帮助。

你一定要明白，天下没有白吃的宴席。"吃人嘴软"就是讲的这个道理。银行会审查你的计划，即使当你的申请被拒绝的时候，这也许正是他挽救了你可能会犯下大错的时候，计划的审查是他们平时的工作，但对你我却是一年仅有一次。投资方案的贷款申请被拒绝，这也许令人苦恼，但是，与其买进无可救药的企业，到失败后再后悔痛心，不是更难挽回吗？所以，一定要好好听取银行家给你的忠告。然后，再重振旗鼓干下去。

另外，在要收购一家公司前，最好与你想要收购的这家公司的所有股东详细地谈谈你的想法，对于一些债权和库存商品过多的问题，再多讨论几次。调整价格对你收购公司会有很大作用。另外，注意要乘机提出你的条件，让对方保留下他们的债权，我们只愿意购买他们六个月内生产的库存商品。

你的父亲
约翰·皮尔庞特·摩根

第二十九封信　不要畏惧！

亲爱的小约翰：

在我们这个充满了民主气氛和法制精神的国家里，遵纪守法，是经营者不可忽视的第一要素，也是企业能够生存和发展的前提条件。从最近公司的安全检查来看，你的担心、你的态度，明确显示出，你有令人满意的优点——那就是守法的精神。这一点让我感到十分的欣慰。

当然，我是希望你能够守法经营。不过，随着年纪的增长，我到现在才终于明白，法律的条文和它的解释，有些是独立的，所以，如何灵活地运用法律，以及如何同时又给公司带来利益，这才是经营管理者守法经营的精髓。很抱歉，你却和检查人员争辩，不断陈述我们的立场，尽管你的说明十分详尽，证据也都很确凿，但是，你仍然没有让对方改变想法。我也只能赞同你所说的那些，认为检察官的观察和判断有一部分是错的，但是，你还是失败了。因此，你必须学会灵活地运用法律条文，来维护公司的利益。

确实，让检察官相信你的陈述，这的确是一件很难的事，你如果再遇到这种情形，一开始就应该采取的对策是，再一次重新设想，并调查实际的情况究竟是怎么样的，再一次确认我们的想法是不是正确。如果，你的信心仍然很坚定，那么，我们就拥有了相当确切的反击证据，接下来，你就可以考虑把对检察人员的不满、我们的不服，向他的监督机关投诉。

我知道，你对我们采取的这些行动，心中感到十分的不安，但是，我认为这并不是一件坏事。其实，我是非常理解你的心情的，你这是在担心，因为此举而招致检察人员的反感，结果，逼迫他们不得不摆出强硬姿态。但是，不管是联邦政府也好，地方政府也罢，我们对于"公仆"的概念应该有一个比较正确的认识，那就是，他们基本上是正直的人，绝对不会怀着故意的恶意，他们不会无缘无故地找老百姓的麻烦。就像你一样，有非常多的企业家，他们不敢把自己心里的不满向上级行政机关反映，我对这种做法感到非常的惊讶。一般来说，一个组织，越是往上，越是有机会遇到有智慧、有见识的人。然而，大多数的经营者，只是一味地想尽量避免与他们产生对立情绪，所以，他们对于检察人员的结果报告是不是真的准确、绝对真实，所以才会对他们的决定总是半信半疑地无奈地接受，以为只有这样才能做到万无一失，事实上其实并不是那么回事。下面是我个人的一些经验，可以供你参考。

我与他们之间最大的一次胜利，是在和税务监察员之间发生的，为了包装材料的课税问题，我与他们发生了一场争论。根据他的检查所作出的结论，我们必须缴纳拖欠的 10 万美元，以及每年还得再缴纳 7500 美元。对于这一明显是不公平的裁决，我们计划从两个方面向他们展开反击。首先，依照相关法律，我们采取了不服裁决的申诉，同时我又拜访了当地的国会议员，我告诉他们，因为监察人员的错误决定，我们将遭受到巨大的损失。这样，事情性质就变得和政治搭上了关系。由于这位当地选出的议员——属执政党，在政府里面拥有相当的权力，因此，政治方面的压力就显得格外大了。接着，我们又聘请国内顶尖的会计事务所出面作交涉，他们向有关方面表示，我们有充足的证据接受再一次的调查，为此我们准备花 1 万美元的诉讼费。这是在过去的 50 年里，类似这样的诉讼案件教给我们的常识。

这时候，政府就感到左右为难了，一方是民意代表和法律专家，另一方是国税局的官员，最后的结果是再次检查，而检查的决定是课税 1603 美元。与原来的 10 万美元拖欠税和每年 7500 美元的课税相比，简直算不上是一回事了。

其实，这件事和人们一般的观念恰好相反，它告诉我们，政府其实也是通情理的。而且，靠政治家的努力，我们就可以很好地伸张我们的主张，根本没必要牵扯法律顾问。不过话又说回来，这次胜利，政府之所以能作出如此大的让步，究竟是因为我们做了充分的出庭的准备，还是因为是政府的监察人员误解了某些规则呢？真正的原因，我也不知道。

此事虽然让我们损失了1万美元的诉讼费，但是，充分的准备正是我们最后制胜的关键，为了赢得成功，我们必须利用我们所有可供利用的资源。

另外，还有许多事情可能是有输也有赢，比如，所得税、贩卖税、食品、药物检查人员、动物检查员，各种让人想都想不到的问题都有可能发生。但是，根据我的经验，如果你能够耐心、详尽地分析实际情况，只要确定自己是对的，就尽管大胆地向最上层机关提出控诉。只要做到了这一切，最终的胜利肯定是属于你的。

如果，你在经营中与检查者之间仅仅只是看法有所不同，只要你是守法经营，你不要有顾虑，完全可以抛弃人们世俗的观念，和检查者理论，最好是拿出有力的证据向上一级申诉。如果他们不称职，那么我们完全可以状告政府不作为。因为，政府的公务员是人民的"公仆"，他们的薪水，是我们纳税人纳的税，所以，他们必须为人民做事。于是，你就不必担心他们会对你采取行动打击报复。假如有某位检查人确实让你感觉他是不怀好意，你不妨给他的监督部门打个电话，要求他们派其他的检查人员来重新评估，只要你有充足的理由，对方一般都会答应你的请求。就算被他们拒绝了也没关系，因为政府当局每一次都会派不同的检查人员。

正义就是力量，只要你是以守法经营为前提，你就应该在不同的场合来展示出不同的力量，这样，我们就一定能够说服政府检察官。因此，你应该立即采取行动了。只要认为自己一定能获胜，就会成功。但是，绝不是不战而胜。

利润与效率，是公司在经营管理中的两个最重要的因素，它是关系到企业生存和发展的前提条件。因此，我们在管理我们的公司的时候，除了先进的管理和良好的企业文化之外，与政府处理好关系，也是很重要的一环，我们要客观地评价政府对我们的支持，不要对政府抱有畏惧的心理。正如弗兰西斯·培根曾经说过的那句话："最难战胜的，就是恐惧心理。"不要畏惧政府，政府，是为了帮助我们的事业健康发展而设立的，它应该对我们有实质的具体帮助才行。我们选举出贤能者，就是让他们做我们的喉舌。错了要勇于承认，如果确信自己是对的，就要坚持到底。

你的父亲
约翰·皮尔庞特·摩根

第三十封信　必胜的信念

亲爱的小约翰：

管理是一门艺术，而管理人，则是艺术中的艺术，管理艺术的关键之一，就是要善于理顺复杂的人际关系。如果说管理是一门艺术的话，那么，如何用对人则是这门艺术中最为复杂的部分，在这其中，企业家能够通过这个领域充分地施展才干。由此你可以看出，如何调动人的积极性，是一项非常复杂的工作。因为，企业的发展是需要依靠集体的劳动，也就是发挥整个团队的工作能力。你必须清楚地知道，使一个企业有蓬勃发展的生机，其关键是如何用对人、如何发挥每一名员工的主观能动性。

要想掌握高超的用人之道，首先，要做到知人善任。对于一个企业，在培养人才、使用人才时，必须重视人才的道德品质，因为如果一旦用人不当，就势必会影响到公司的经营。特别是像我们这样的大企业，每个人的任用，都会影响到企业的业绩。所以，你在人员的任用上，千万不能感情用事，仅凭个人的喜好。

对待员工，特别是领导层的员工，你要先作出一定的了解。也就是对这类员工的考察、识别、选择、任用，然后再根据其自身的特点，安排到适合他工作的岗位上，这样才算得上是使用得当。所谓的知人善任，就是要认真地考察各层的领导者、确切地了解他们的特点，把每个领导者都安排在适合他们工作的岗位上，这样才能让他们充分地发挥自己的特长、施展才干。这是企业家的根本任务之一。

企业，就好比是一部机器，虽然有了先进的设计、合理的结构和科学易行的操作流程，但还必须要有高素质的操作人员才行。通常地说，当路线确定之后，决定因素的是各层领导者们，我说的就是这个意思。

重要骨干的选用是不是合适，关系到企业经营的好坏，是能不能取得成就的重要的保证，所以，你起码要花上40%或更多的时间，用在选人用人这件工作上，这个重要的问题你一定要好好地记住。

对于这件事，你要舍得花时间去认真考察。对于员工，尤其是对于各层领导者的考察、挑选，一定要严格认真。我们有一个竞争对手，为了选择一名车间主任，他们工厂的领导者，先后同20多名大学毕业生的候选人谈话，反复考察、测评、比较，当最后选定以后，却又分配他们去科技部、供销科以及第一线试用，然后再作进一步的观察，只有认为他们合格后，才最后决定聘任。可见他们考察、选定一个人是花了多么大的工夫的。这一点是很值得你认真地学习和借鉴的地方。

在我们的企业里，就具体到个人来看，德才的发展，可能会有一些不平衡的现象发生。有的人德行比较好，可是才能却会差些；有的人虽然有才，但德行却稍逊一等。德才相比较，一般来说，德是更重要的。因为，一个人的品质如果不好，就不容易培养和改变，但才能却可以逐步进步。有很多工作的难度并不是很难，只要能激发他的工作热情，就会做出成绩。但品质不好却不是这样了，有时候，还会因此造成损失。

一个人如果有正直的品德，他可能并不一定能有什么大的成就出来，但是，如果一个人在品德与正直方面表现得不好，再加上如果有缺点，则这个人足可以败事。所以，人在这一方面的缺点，不能仅视为绩效的限制而已，有这种缺点的人，应该是没有资格做管理者的。我认为，选人首先要看德，这是基本要求。

对你的员工，你一定要做到心底坦荡，眼光要宽广。不能只用一只眼睛看人，更不能戴着有色的眼镜看人。你要从多渠道、多层次、多视角地了解和考察人才。要提防那些善于恭维你、奉承你、拍你马屁的人，因为，把事情弄坏的人常常是他们，而那些能够经常指出并批评你的缺点及错误的人，他们常常对于事情最有帮助，是最宝贵的人。

一个进取心强、敢冒风险、敢走前人没有走过的路的人，有时难免在处理事情时有些不周不细；一个有魄力、有才干，不怕习惯势力、敢于打破陈规陋习的人，难免有时会显得骄傲自大、目中无人；一个有毅力、有倔劲，不达目的誓不罢休的人，难免有时会主观、武断，等等。一个企业家如果仅仅只能见人之短，而不能知人之长，就容易刻意挑人之短，而无法看到其所长，这样的经营者本身就是一位弱者，也不是一个英明而又正直的企业家对自己的下属所应该持有的态度。

作为合格的企业家，看问题必须要看主流，决不要轻信某些人的流言蜚语。否则，许多有真才实学、有组织能力、有创业大志、能为企业作出贡献的人才，就难以发挥他们的才能了。

在任命某个人之前，你首先应根据所需完成的任务的工作性质、责任、权限以及去完成这项任务的人员所必须具备的基本条件等因素，认真地加以分析，提出明确的要求。然后，根据下属的特点和长处，分别地加以任用。应该从整个事业的全局出发，充分考虑人才的具体特点，把他安排到最适合他的岗位上去。假如不能把每个人的才能，用到最能发挥其作用的地方去，那对人才就是一种压制，对事业也是一种极大的浪费。

每个人的长处和才能属于各自的特定类型。有的人擅长分析，有的人擅长综合，有的人擅长技术，有的人擅长管理，有的人精通财务，有的人善于交际。对于这些特定类型的人才，就应安排与其特定的工作性质相适应的工作。工作对人的要求不同，才能与职务相称，给予他的职务，应最能激励他最大限度地发挥自己的优势，既不要让他觉得勉强，也不要让他觉得无所事事。对一个人扬其所能，其工作自然积极，管理效能也必然会提高。

不同的工作职位，有不同的要求；不同的人才，适合从事不同的工作。有的人既能统观全局，又善于协调指挥，善于识人用人，组织才能又出众，这才是雄才大略，那这样的人就是一个将帅之才。

每个员工，都有一定的自信心和自尊心，都会有成就感和荣誉感，他们一般都怀着这样的心情和愿望：通过自己的努力，去完成某项工作，或某种事业。因此，你应该充分信任他们，授权之后，就大胆地放手让他们在各自的职权范围之内，独立地处理各种问题，使他们有职有权，创造性地做好工作。对他们的工作，除了进行一些必要的领导和检查外，不要去指手画脚，随意干涉。无数事实证明，这是一项用人要诀和领导者的艺术。

信任人、尊重人，可以给人以巨大的精神上的鼓舞，激发出他的事业心和责任感，而且只有上级信任下级，下级才会信任上级，并产生一种凝聚力，使领导者和被领导者之间能够和谐地工作。相反，当一个人的自尊心受到伤害后，他就会出自本能地产生一种离心力和强烈的情绪冲动，从而影响到工作和同事之间的关系。

你如果不相信某个下级，那么就很难授权给他，即使授了权，也会形同虚设。有的领导一方面授权于下级，但另一方面又不放心他，一怕他不能胜任，二怕他以后会犯错误，对于那些有才干的人，还怕他不服管理，具体表现就是越俎代庖，把下级应该负责的工作包办了下来。这种越权指挥，会给中层领导造成被动的状况，特别是不懂某些专业知识方面的事情，却干涉下级的具体业务，甚至是听信谗言，公开怀疑下级等情况，这样的做法就会挫伤下级的积极性，不利于下级进行创造性的工作。

你要想充分发挥下级工作的积极性和创造性，一方面要把权力放下去，使下级在他的职责范围内能自主决断；另一方面，你要替下级设身处地想一想，要勇于承担下属工作中偶尔出现的失误，不能出了成绩是领导有力，有了过失都是下属无能。要言而有信，不能出尔反尔，言行不一，否则，下属就会对领导失去信心，领导也会因此而丧失威信。

对下属的功过，一定要做到赏罚分明。只有这样，才能起到激励先进、鞭策后进的作用。你要"鼓励竞争"，不能大家一视同仁、相安无事。如果一旦有人作出了贡献，不但得不到奖赏，还有非议，那么，那些真正有才能的人该如何脱颖而出呢？所以你不仅自己不能有嫉贤妒能的不良心理，还要鼓励竞争，为用人所长创造良好的环境。

培养教育各层领导者，也是经营中的重要方面。如果对各层领导者，只使用不培养，这是领导者缺乏战略眼光的表现，也是领导者的失职。

培养和提高各层领导者的能力，要根据实际情况和可能，尽可能通过多种渠道，多种形式进行。工作中的实践也是一种培养教育的方式。给下级压上一定的担子，能使他们得到锻炼，从而提高工作的能力和效率，这是一种常用又有效的培养方法。那些能培养人才的单位，往往是工作多，而人手却少，这样，每个人的负荷就无形中加大了不少，每个人都在干着稍稍超过自己能力的工作，这就创造了一种环境，一种必须自己去接受锻炼、克服困难的环境。

你要有这样一条原则：不论采取什么样的方法，都必须以调动人的积极性为目的，而为了调动人的积极性，则可以采取任何手段。不能仅仅只是按照事业的需要，设置那种所谓合理的、但是没有一个人能够胜任的职位，否则即使得到了这类职位的下属，也会产生埋怨他的上级"有意与我过不去"的想法，这样也就谈不上积极性，更无法达到预期的目的。

只有当职位设置合理的时候，当被管理者认为自己完全可以胜任这项工作的时候，才可能产生一定的积极性。如果你一旦确信自己已经把最合适的人选，安排在最合理的位置上之后，就应该授予他有关的权力，充分发挥他的主动性和创造性。只有这样，才能使他以极大的热情做好你希望他做的事情。

相反，如果你对他干涉过多，就禁锢了他的手脚，他就会逐渐地失去了积极性，也就无法发挥自己的才智。所以，在某种意义上，可以说权力下放，是最有效的调动积极性的方式之一。

当然，授权并不是像人们习惯中想象的那样简单，一旦你交出权柄后，一般就无法再更改了。但是，只要没有出现这种情况，你就应该尽力地支持这个下属的工作，同意他提出来的设想和计划，而不是经常去关照他"这件事应该如何去做"。要知道，很有可能他的想法要比你高明，我这样说，丝毫也没有要贬低你的意思，因为他就是被你发现并予以重用的。

富过三代的秘密

　　任何事业要想获得成功的保障，首先是让为之奋斗的人必须怀有必胜的信念。每个管理者，必须使他的下属，对自己从事该项工作的能力不能产生丝毫的怀疑，这一点是至关重要的。因为，并不是所有的人，都具有这种非常宝贵的自信心。成功的管理者，总是千方百计地让他的下属相信，以你的才能，出色地完成任务是绰绰有余的。

　　另外，要求一个下属做好一件工作，必须要给他一个实实在在的目标，但是这个目标，是他确实可以完成的，而不是那种一听到就会摇头，并且怀疑自己是不是有能力做好、很有可能被吓回去的工作，那样他的积极性又从何而言？但是也绝对不能排除某种带有一定困难的宏伟目标，因为，只有有了这种目标，它才具有强烈的吸引力，才有能引起他极大的热情以及战胜困难的斗志，这样才能够调动起来他的积极性。

　　不论哪一类目标：是具体的、笼统的，现实的、还是宏伟的，首先，都必须明确所谓的笼统，并不是指含含糊糊，宏伟的目标必须是具体的。含混不清的目标，会使下属在关键时刻无所适从，这样的管理，必定失败。

　　宏伟的目标，具有极大的鼓动性，你可以用生动、有力的口号来表达，因为一些生动的口号，往往能够有效地激励人们的斗志。

　　口号的作用，就是要造成一种气氛，使得生活于其中的人，随时准备或正在以满腔的热情投入工作，对于企业家来讲，不也是如此吗？

你的父亲
约翰·皮尔庞特·摩根

第三十一封信　成就感，让你感到更幸福

亲爱的小约翰：

什么是幸福？你不止一次向我问到这个问题，可是，一辈子我都没有能找到合理的答案。对于这个问题，我想，每个人的看法都会不同。弗洛伊德说过："幸福是由快乐构成。"阿朵拉说："幸福来自于对权力的追求。"关于幸福这个问题，威克达·依·法兰克的解释更准确，特别是，他曾经写过一本关于精神医学的书，这本书，给我以很大的启发，但同时也造成了很大的影响。他在这本书中，对幸福下了一个完全不同的定义。确实，这两位专家的论点，和法兰克博士的理论比起来，说服力自然显得有些苍白无力了。关于这点，在后面，我会详细地对你说明。

弗兰西斯·培根曾说："人的命运，掌控在自己手里。"一个人能不能获得成功，与他的信念和人格的塑造，都是息息相关的。如果，你要成为一个成功的人，那么，健全的人格是必须要拥有的，同时还要有健康积极的心态。在这里，我要告诉你的是，成为大人物需要什么条件。

首先，大人物，一定要有他独特的想法和特点，正是因为人与人之间有这些不同的特点，所以，世界上的人才都会不一样。只有在充分了解了自己的性格和能力后，你才能完全发挥出自己的特长，达到目标。另外，大人物都很虚心，能不耻下问。向别人的长处多请教多学习，多和别人研究讨论。只有这样，你才能完成适合你自己的成功者角色。所以啊，你要走的道路、要完成的事业，只能靠你自己，别人能帮到你的太少了。

当然了，在每个人的思想里，什么是幸福，看法都是不同的，这也很正常。就好比有一个人，可以冷静面对发生的任何困难一样。这里面的道理，我想，这是和每个人的心理状况，还有每个人的心理塑造，都会有很大关系的。自由，对一个人的心理发展，会产生很大的影响。当接受命令时，拒绝是自由的；而面对挑战时，选择是自由的。当面对一件十分困难的任务时，你可以发牢骚，甚至拒绝。但是，你也可以这样来说服自己："即使有再大的困难，我也要欣然地接受，而一旦接受了，我就要尽可能做到完美。"如果你能抱着这种信念，那么，什么事情和困难都会变得轻松起来，然后，还能好好地享受完成任务后的成就感。面对挑战时，你准备采取什么态度，这是由你自己选择。如果，你的选择非常明智，那么，你成功的概率就会大大地提升。要想战胜困难，除了要有敢于面对一切困难的勇气、积极向上的人生价值观之外，优良的心理素质也显得十分重要。一个人的心理塑造得好，就能让你坦然地面对任何困难，同时，还能够让你明白到更多的人生哲理。我想，如果你的心理能健康地成长，你就会体验到人生应该具有的责任感，成功自然就随之而来了。关于什么是责任的解释，法兰克尔的观点最具有代表性，那就是"人存在的基础"。其实，责任感更能够让人内心里面的激情被激发起来，也就更加能够发挥个人的创造力。根据我的观察，凡是责任心越强的人，生活就越充实。有些人在面对挑战时，畏缩不前，因为他们害怕承受到失败的苦果。人，应该坦然地面对成功与失败，必须要有一个健康的心态和积极向上的人生价值观，只有这样，你成功的机会才会更多一些。在这里，我特别想提醒你的是，那些跌倒了再爬起来的人，胜过那些因为害怕跌倒，就不敢向前进步的人。因为，人生本来就是由一连串的"跌倒"与"爬起"构成的，如果你一味逃避，只会离成功越来越远。

不在困难面前低头，是成为伟人的一个决定性的条件，而要证明这一点其实并不难，因为，我们可以从伟人传记中清楚地发现，那些伟人不管在什么时候都绝不会向恶劣的环境低头。在他们的胸中，有一个指引他们前进的罗盘，有了这个罗盘，在他们面临抉择的时候，责任感，往往就是帮助他们决定向什么方向走的指针。每次,我在读到他们是怎样披荆斩棘、越过重重难关的时候,都会为他们不屈不挠的顽强的精神而感到由衷的钦佩。"达到伟大这座高峰,需要经历许多艰难险阻。"这是塞尼卡说过的话。这条艰险的道路,至今仍然没有改变。当你站在人生崎岖的十字路口时,一定要有勇往直前的决心,如此才能走向成功。

战胜困难,不仅能够证明到自己的能力,而且,还能领会到许多人生的真谛。这就是许多现代的年轻人,到现在还无法明白人生价值是什么的真正原因。另外,他们还缺乏目标,也没有树立起真正的奋斗目标,因此,他们就无法体会出一个人获得成功时的喜悦。于是,他们同时也失去了发挥才能的可能。也许有一天,当他们面对镜子时,会说出菲特烈·赫贝尔曾经说过的这样一句话:"现实生活中的我,似乎再也不可能成为镜中完善的我。"

由于现代的生活水平越来越高,能吃苦的人相应地也越来越少,这就是为什么现代人普遍地好逸恶劳、满腹牢骚的一个重要原因。其实,这种不好的现象,并不是现在才有的。早在古代的罗马就曾经出现过。当然,吃苦,与生活水平的提高并不矛盾,因为,如何面对困难,以及如何解决困难,这是个人的事情,而害怕吃苦,这个因为是生活水准提高的理由,其实并不能完全令人信服的,这是大众对自己在心性的教化、对事实的领悟,以及发挥自由的意志去选择和承担责任等方面,都没有彻底实施的原因。所以,如果当这些事情,都成为生活中的一部分时,才能体会到人生的价值和存在的真正的意义。

人类在进化的过程中,主要是靠战胜困难而赢得生存的空间的。但是,现代的人们,却没有了古人因为环境恶劣而必须要战胜困难的激情,他们中的大多数人,因为并不都是为了能够生存而必须要勇敢战斗的,所以往往都是采取了妥协、逃避的态度。他们把自己藏身在社会的福利制度、教会、朋友的庇护下,或是依靠毒品、酒精来麻痹自己。如果用这样的心态去面对困难,往往只能是束手无策,根本就没有一点能力去战胜困难,更不要提什么挫折了;又由于他们缺乏成功,或是失败的经历,所以，连克服困难的勇气，也不知从哪里培养起。我在前面说过，人的命运，掌握在自己的手里，换句话说，解除困难的决心，操纵在自己手里，全凭自己自由选择，无论人们承认与否，事实就是这样，想要战胜困难，只有这样，别无选择。

还有一类人，显得更是可悲，他们为了满足现实生活中某些无法达成的目标，于是便沉溺在虚构的小说中，成天胡思乱想、不求实际。确实，如果要经得起考验，就应该以大无畏的精神，勇敢地面对挑战，并且拍着胸脯对自己说："大丈夫就该这样！"这才是一条非常明智的道路。法兰克尔博士的著作《医师和心志》一书中，对于这些事情，有更明确的说明。他对什么是幸福所下的定义，是成就感，你如果仔细地去推敲，一定会赞同这种说法的。

世界上，从来没有不劳而获的事情，至于你生而具备的健康的身体，以及幸福的家庭，那是另一回事。幸福绝不可能从天而降，幸福也不会因物质而产生。正如法兰克尔博士所说，要享受幸福，就必须首先确定了目标。小至打扫庭院，也都要尽力做好。幸福，可以来自任何地方：比如学习骑车、在校成绩优良、和朋友相处愉快、驾驶私人轿车等，如果把它们做好，就能获得幸福的感觉。

确实，幸福的生活，大多来自于成就感。因为，只有当你实现了许多伟大的目标，你才能感觉到自豪。比如，你的祖父每天都要制订生活计划，并且努力去实施，完成好每天的工作。因此，他始终都过着很有成就感的生活。在他80岁的生日时，我问起他的健康状况，他说："要每天早上，一睁开眼睛，有一些事情等着他去完成的话，他就会过得健康快乐。"这就是他的人生目标。自从他85岁时，需要他做的事急剧地减少，所以他的身体状况，也每况愈下了。

战胜困难，实现自己制定的目标，这样的人生才会更有意义。确实，在人生的旅途中，不如意之事十有八九。因此，当你遇到挫折的时候，也必须要勇往直前，不畏艰难。只有像这样，你才可以深刻地体验到，人生的意义，就是品尝幸福的果实。

幸福，每个人的理解都不尽相同，对我来说，在你完成一件工作时，幸福也随之而来。为了完成工作，你必须以高度的责任感为前提，用这个选择你工作的态度，然后，还要有不屈不挠的精神。

人生价值的体现，不在于生命的长短，而在于你完成了什么事业。有的人，活了将近一个世纪，到头来，还是什么都没有。幸福，并不是来自生命的过程，而是来自于你对生活所抱的态度。

你的父亲
约翰·皮尔庞特·摩根

第三十二封信　未来，它只属于你

亲爱的小约翰：

你在这个时候挽留我，真的让我很感动，但是，很遗憾，我不得不要告诉你，我是该退休了。那么，应该怎么样才能管理好一个企业，这该是你施展你的才能的时机了。我心里很清楚，你这样极力地挽留我，完全是为了我着想，所以，我以后还会留在公司里，当然是以一个职员的身份，表面上，我会像以前一样参加公司的管理。每个人都有自尊心，我也不例外，所以对于你的要求，我很高兴，但是，不仅仅是对以后来说，就是现在，我看到你的健全、明智、长期的计划来说，你的要求，绝对不是一个好主意。

可能对你来说，把这个公司完全交给你负责，你担心责任是不是太大了，因为，该怎么样让公司能继续健康地发展的问题，很多人，都一时还没有找到正确的答案。同样的问题，对那些家族企业繁荣的人们来说，也都是这个样子，他们一直都在努力地去处理很多很多这样的事情，特别是，如何有利于公司的发展和壮大的事，否则，我们的企业，也不会有今天这样蒸蒸日上的好成绩。

在家族企业中，有的因为他们在一些决策上犯了大的错误，最后的结果，却是把企业弄进西伯利亚的荒芜之地，这种情形的产生，其实一点也不奇怪，通常，他们都会犯以下两个容易使企业走向衰亡的错误。

他们犯的第一个错误：总是太过自以为是，有一种就是老子天下第一的感觉，或者，干脆就是好高骛远，总觉得自己的企业，能够长生不死。最悲惨的情况，虽然是脚步踉跄地拄着拐杖，连今天是星期几都搞不清楚，却还自以为是，认为自己才是最有才能最好的负责人。

当然，也就是因为他们拥有这份顽固及坚韧，所以，才有可能度过艰难，才可以创立起今天的事业，可是，他现在这种性格，却阻碍了公司的生存，我可不想在我的墓志铭上，刻着这种铭文。

第二个总是犯的错误：家族企业的创始人，一直把权力牢牢地掌握在自己手中，他们总是觉得继承人的管理能力还不够成熟，所以，一直把手中的权力紧紧地抓在手里而舍不得放开，那么他的继承人，就会一辈子也没办法把公司继承过来。而当继承人作出了某些决定，他总会补充个一二来，使原本是很好的计划，被他弄得个一塌糊涂，"人多口杂"指的就是这样的情况，两个人的思想绝对不可能完全相同，如果两人都想把领导权争到自己的手里，其结果肯定是难以想象会有多么地惨。

其实，有很多的家族企业，他们选出来的继承人，有些确实很有才能，可是，却没有给他施展的机会来充分发挥所长，其最终的结果，是导致了无数的家族企业因此而面临困境，有的完全衰败了，有的，则在第一代就被拍卖掉了。有很多的创始人，只能眼睁睁看着自己一个人辛辛苦苦好不容易创立起来的属于自己的企业，因为管理，或者是经营方面的原因，和他一起，慢慢地消失，这是一件多么令人痛心的事情啊！

所以我现在，就是要把权力交给你，就是要让你来管理我们的企业，我的目的，就是不想看到我们重走这些人的老路，同时，我也希望我们的企业，能够在国际经济界健康地生存下去，否则，外国的先进公司会乘机取代属于我们的企业，甚者，我们会因为经营管理方面的不善而遭到破产。因此，我必须努力将我们辛辛苦苦建立起来的企业，留给下一代，接着是第三代、第四代……

在企业的管理中，决定企业规模的发展的，其实就是资本的管理，同时，资本的积累，也是企业能参与市场竞争的一个重要的因素，所以，为了让企业能够保持稳定的发展，成为全国有名的大企业，这就是我们企业发展的基础。

关于我退休的问题，主要是从我们企业的前途来考虑的，因为，企业的发展，一定要靠先进的管理和创新来实现，只有这样想，企业的发展和壮大才能够更稳定地向前顺利地走下去。你作为企业的继承人，虽然亲友的扶持占了其中的一部分，可是，你现在能得到这个地位，主要是靠你自己的努力。这里，我不想对你的工作多说些什么——我也不想在我将来的墓碑上出现这样的墓志铭，离退休的日子越来越接近，我心里也越来越在乎这一点。

你在每一方面一直都令我满意地总能拿到第一名，现在，经过你这么多年的努力，到了该是收获成果的时候了。这么多年来，我一直都在尽心尽力地，希望你能独立自主地走自己的路，现在，它已经成为了你的个性中不可缺少的一部分，它已经在你的身上根深蒂固地牢牢站住了。在这种情况下，我如果还是守在你身边，时刻对你催促、担心，你也就失去了发展自己的机会了。

当我退休时，我已经给你安置了一些优秀的金融、法律和财政的专家配合在你的身边。如果你一旦陷入了困境，他们在每个方面，都能给你提供不错的建设性的意见，当然，这些都是需要收费的；如果，当你需要他们时，或者你做出成绩时，他们会尽力地帮助你，也会为你的幸福而由衷地感到高兴，他们并不都是为了赚钱，而是为了公司的发展，献出自己的一番心意，所以，你一定要处理协调好与他们的关系，因为，他们和公司的发展方向都是息息相关的。

如果，你真的觉得他们和另外几位外援董事都让你离不开的话，他们必将成为你的保护者、守护天使，甚至是监护人。我相信，只要你能把他们的积极性调动起来，不管发生了多坏的情况，凭着他们的才能以及丰富的经验，有他们指导你，这些困难都可以轻易地克服。那么，应该怎么运用这个无偿的支援团呢，这就要看你的了。如果，他们不愿帮助你，你不用去占卜，我就可以认真地告诉你：千万要小心财务方面的损失！而且，可能造成的损失还远远不止这些。

我为什么要把公司的领导权交给你，其实理由非常简单：在不久之后，在某个早晨，当你醒来之后，有可能发现我已永久地沉睡下去。从此以后，你不仅仅要照顾好家庭，还得马上就不得不挑起公司的重担。因此，现在我就要你一定有心理准备，要准备承担来自各方面的压力。比如，在最开始的一年，公司可能会很危险，每个员工可能都会猜想："大老板去世了，公司会变得怎么样？"而与公司有来往的银行、客户、职员，你的朋友，甚至是敌人，他们的眼睛都会紧紧地盯着你。我们的公司，聚集了各种和他们太多的利害关系：银行，担心他们的贷款；员工，关心他们的工作；客户，重视商品及服务的品质。所以，在这个节骨眼上，哪怕你只是轻声地打个嗝，某些重要的干部，就可能会准备跳槽；银行，则会变得神经质起来，虽然，他们不会因我的离去，就马上收回贷款，可是，他们却很有可能会降低贷款的额度。

在经营管理中，最不可取的是盲目自信，但是，在该自信的时候，你一定要巧妙地、恰当地表现出你的自信，这样就可以让客户以及竞争对手，都猜不透你的脑子里究竟打什么主意。比如，我死之后，如果你能向每个人，说出下面的话，我会感到轻松了许多："我父亲的离开，是我最悲哀的事——你会这样说吧？可是，对事业，是不会造成一丝影响的，因为父亲在这10年里，对这份事业过问得很少——如果，我够幸运，或许，你会说这20年来。实际管理公司的，是我，所以，当各位在听到家父去世的消息时，一定不要为公司太担心了。"

至于你应该怎么管理我们的公司，我已经对你说了很多了，我只是希望你能够依靠自己的幽默和勤奋来经营公司，让它更加壮大。以后，我们还会有很多私下谈话的机会，话题无非就是宗教、政治等这一类的问题。至于你的经营方法，我真的没打算再谈这个问题。另外，在以后的社交场合上，我肯定会碰到认识你的朋友，他们一定会仔细地告诉我有关你是怎么工作的情况，我已经听到有许多亲戚朋友这样说过："你和你的父亲很像！"或许在某一天，他们会用艾德蒙·巴克的话说："你不仅是很像你的父亲，简直是一模一样！"我不知道你听了会怎么想，但我听到这样的话一定会非常开心。

为什么爸爸要把奋斗多年的事业放开呢？第一个原因，在这20年来，你的母亲，只享受过两次假期，你说我是不是应该改变这个记录！

第二个原因，我们家那个几乎要被我忘记的花园，需要我给它更多的关心和爱护，一个园艺家，必须要经常表现一下他特别的园艺！

第三个原因，我们家北边的湖里，有好多鱼，还等着我去把它们钓上来，而天上呢，也有好几只雷鸟，正在我头上飞来飞去，在寻找合适它们居住的房子！

幸运的是，我的旅行生涯，还可以继续进行下去，而我们这个美丽的国家，正等待着我去一览风采，不要担心！我会带一位副驾驶一起去，不过这位副手因为不希望失去客户，只好让给我了。

最后，我一直想看的书还有52本，可是我一直没有多余时间来认真地去读它，当然，这其中还不包括那一套有10册的《文明的故事》。我一定要利用空闲时间，把它们都看完，我以前啊，从来还没有好好地去研究过关于历史和哲学这方面的问题，我想，现在开始还不算太晚。

这样一来，我就能够好好品味人生了。还有一件事，我想，这应该是最后的话了，这话我以前说了好多，记不清这该是第几句话了：

不单要遵守宴会的礼节，更要遵守人生的礼节。当佳肴送到你面前时，伸出手，等待它到你面前来。佳肴是这样，对于孩子、妻子、地位、财富也要这样。

这句话，是艾皮梯多斯说的，他是公元120年左右的人。或许，在他70年的生涯里，他一直在做学问和教育，而70多年的人生，他只需要用这么一句话就表达了，什么样才是完美的人生，怎会不令人深思呢？

我不相信转世，不过，如果到时候，真有那回事，我会要求让我回来做你的小约翰，有你这样的父亲，一定会有美妙的人生——我的墓志铭可以记下这件事。

给你我全部的爱！

你的父亲
约翰·皮尔庞特·摩根